Vorwort

Dieses Heft voller Arbeitsblätter zum Kopieren besteht aus zwei Teilen:
Teil A mit dem Schwerpunkt
Texterschließung;
Teil B mit dem Schwerpunkt **Interpretation**.

In beiden Teilen wird eine Vielzahl von handlungs- und produktionsorientierten Aufgabenstellungen angeboten.

Teil A beginnt mit einem Arbeitsblatt A1, das den Schülerinnen und Schülern vor der eigentlichen Lektüre eine erste Annäherung an den Text ermöglicht. Danach folgen sieben inhaltlich-thematische Schwerpunkte:

Krabat, Die Gesellen, Der Meister, Träume, Die Mühle, Freundschaft und Liebe, Magie.

Außerdem gliedert dieser Teil den Roman in sechs Leseabschnitte: Die Abschnitte I und II entsprechen dem ersten Jahr, die Abschnitte III und IV dem zweiten Jahr und die Abschnitte V und VI dem dritten Jahr Krabats auf der Mühle.

Seite
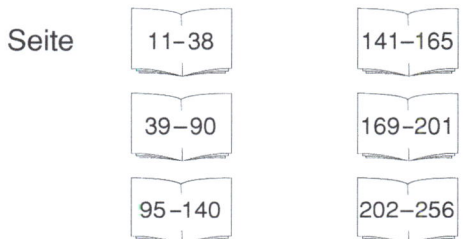

11–38	141–165
39–90	169–201
95–140	202–256

Nach jeweils zwei Leseabschnitten (≙ einem Jahr auf der Mühle) folgt ein **Quiz** zur Sicherung und Überprüfung des Textverständnisses (nach A9 · A14 · A20).

Durch Querverweise von Teil A in den Teil ➡B ist es möglich, bestimmte Aspekte gezielt zu vertiefen und **individuelle Unterrichtsschwerpunkte** bei der Interpretation zu setzen.

Teil B besteht aus acht thematischen Gruppen:
Szenische Interpretation, Charakterisieren, Erzähltechnik, Spannend erzählen, Magie, Träume, Freundschaft und Liebe, Wertung.

Die Bearbeitung von Aufgabenstellungen aus Teil B setzt in der Regel die Kenntnis der gesamten Ganzschrift voraus. Hier bietet sich häufig ein Wechsel der Unterrichtsform an. Die Aufgaben zur szenischen Interpretation sind jederzeit einsetzbar und können wahlweise während oder nach der Lektüre (in Partner- oder Gruppenarbeit) durchgeführt werden.

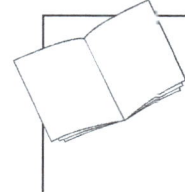

Textgrundlage ist die Ausgabe von Thienemann:

Preußler, Otfried: Krabat – Schulausgabe mit Materialien, Stuttgart / Wien / Bern 1988

Auf diese Ausgabe beziehen sich die Seitenangaben ☐ .

Die Querverweise wiederum von Teil B nach Teil ➡A ermöglichen es den Schülerinnen und Schülern, jederzeit selbstständig die Verbindungslinien zwischen den Arbeitsschritten nachzuvollziehen, was den Einsatz des Heftes in der **Freiarbeit** unterstützt.

Dazu dienen auch die verkleinerten **Lösungskarten** zur Selbstkontrolle. Der Lösungsteil beginnt nach dem Arbeitsblatt B19.

Jedes Arbeitsblatt ist in sich abgeschlossen, bildet eine kleine thematische Einheit, sodass Sie als Unterrichtende/r frei auswählen können. (Ausnahmen: A2 · A16)

D. h. auch, dass keinesfalls alle Arbeitsblätter bearbeitet werden müssen: Sie können auch nur ein Thema oder einzelne Arbeitsblätter zu verschiedenen Themen auswählen oder die Themen werden von Gruppen arbeitsteilig bearbeitet.

Vorschläge zur Unterrichtsplanung:

I. Verzögerte Lektüre, ca. 12 Wochenstunden
Vorwoche: häusliches Lesen bis Seite 90, A1
1. UW: A2 · A3 · A5 – A8 + Quiz 1 + B1
B5 · B6 · B8 ; zu Hause lesen bis S. 165
2. UW: A10 – A14 + Quiz 2 + B2 · B13 ;
zu Hause lesen bis S. 256
3. UW: A15 – A17 · A19 · A20 + Quiz 3 +
B3 · B4 · B14 · B15 · B19

II. Mehr Flexibilität im Unterricht ermöglicht das vollständige Lesen der Ganzschrift zu Hause. Begleitend könnten Arbeitsblätter aus Teil A und die Quiz-Seiten bearbeitet werden. In den Unterricht könnte dann schwerpunktmäßig Teil B eingehen.

Ab Seite 61 sind **Hinweise für Lehrerinnen und Lehrer** zu finden.

▪▪ Partnerarbeit   ▪▪ Gruppenarbeit

☰ Extrablatt

Inhalt

Lektüre: Krabat © 2001 Oldenbourg Schulbuchverlag GmbH

Inhalt

A1 | Annäherung an den Text

Klappentext

1 Notiere in Stichworten, was dir zu dem Titel „Krabat" einfällt. Wie klingt das Wort? Woran erinnert es dich?

_____

_____

2 Beschreibe, was du auf dem Titelbild erkennen kannst.

_____

_____

> **Klappentext:** „Meide den Koselbruch und die Mühle am Schwarzen Wasser, es ist nicht geheuer dort." Doch Krabat, der vierzehnjährige Waisenjunge, verdingt[1] sich trotz aller Warnungen als Lehrling in der geheimnisvollen Mühle ...

3 Schreibe alle Informationen heraus, die du aus dem Klappentext erhältst.

Hauptfigur: _____

Ort des
Geschehens: _____

Stimmung: _____

4 Notiere Fragen, die noch offen bleiben.

_____

_____

5 Wovon könnte der Roman handeln? Überlege dir eine mögliche Geschichte, die zu Titel, Titelbild und Klappentext passt, und schreibe sie auf einem Extrablatt in Kurzform auf.

6 Welche Funktion erfüllen Klappentexte? Kreuze an.

a Sie wollen Neugier auf das Buch wecken. ☐

b Sie informieren den Leser umfassend. ☐

c Sie geben einen Hinweis auf das Thema des Buches. ☐

d Sie machen das Lesen des Buches überflüssig. ☐

7 Reizt dich der Klappentext zu „Krabat", den gesamten Roman zu lesen, oder nicht? Begründe deine Meinung.

_____

_____

[1] sich verdingen = einen Dienstvertrag abschließen

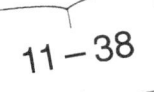  **Krabat 1**    1 · 2 · 4 · 8 · 9

Krabat wird Müllerbursche

1 Stell dir vor, der Meister hätte ein Einstellungsgespräch mit Krabat geführt und ihm einige Fragen gestellt. Schreibe Krabats Antworten auf.

MEISTER: Wie heißt du und wie alt bist du?

KRABAT: _____

MEISTER: Wo leben deine Eltern?

KRABAT: _____

_____

MEISTER: Gibt es jemanden, der für dich sorgen könnte?

KRABAT: _____

_____

MEISTER: Womit hast du bisher deinen Lebensunterhalt verdient?

KRABAT: _____

_____

2 An seinem ersten Abend in der Mühle sitzt Krabat im Schlafraum und denkt darüber nach, wie er in die Mühle gekommen ist und warum er die Lehrstelle angenommen hat. Schließlich holt er sein Tagebuch heraus, um seine Gedanken und Gefühle aufzuschreiben.
Schreibe Krabats Tagebucheintrag.

3 Kennzeichne, inwieweit die folgenden Adjektive auf Krabat zutreffen.

		trifft voll zu					trifft gar nicht zu
a	verantwortungsbewusst	1	2	3	4	5	6
b	erwachsen	1	2	3	4	5	6
c	hilfsbereit	1	2	3	4	5	6
d	einfühlsam	1	2	3	4	5	6
e	albern	1	2	3	4	5	6
f	verschlossen	1	2	3	4	5	6
g	verliebt	1	2	3	4	5	6
h	klug	1	2	3	4	5	6
i	hinterhältig	1	2	3	4	5	6
j	leichtgläubig	1	2	3	4	5	6
k	gehorsam	1	2	3	4	5	6

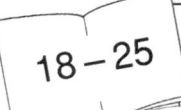

A3   # Die Gesellen 1

Steckbriefe

1 Erstelle Steckbriefe für die Gesellen. Schreibe die Namen der einzelnen Gesellen in die dafür vorgesehenen Felder.

2 Schreibe die Informationen darunter, die du auf 📖 18–25 über die Gesellen erhältst.

3 Wie stellst du dir die Gesellen vor? Suche dir einen Gesellen aus und stell dir vor, wie er aussehen könnte. Schneide ein Bild, das deiner Einschätzung entspricht, aus einer Zeitschrift aus und klebe es in den dafür vorgesehenen Bilderrahmen. Du kannst den Gesellen auch zeichnen.

4 Die einzelnen Gesellen sind mehr oder weniger sympathisch oder unsympathisch. Notiere deine Sympathienote (1 = sehr sympathisch, 6 = sehr unsympathisch) in dem dafür vorgesehenen Kästchen.

Name:	Name:	Name:	Name:
Note:	Note:	Note:	Note:

Name: (Bilderrahmen)	Name:	Name:	Name:
	Note:	Note:	Note:

Name:	Name:	Name:	Name:
Note:	Note:	Note:	Note:

Lektüre: Krabat © 2001 Oldenbourg Schulbuchverlag GmbH

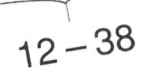 12 – 38

Verhalten und Aussehen des Meisters

1 Wie verhält sich der Meister? Nenne fünf Beispiele aus dem Text und gib die jeweilige Fundstelle (Seite und Zeile) an.

_____

_____

_____

_____

_____

_____

2 Wie verhalten sich die Gesellen dem Meister gegenüber?

_____

_____

_____

_____

3 Was erfährt der Leser über das Äußere (Aussehen, Sprechweise) des Meisters (☐ 15)? Schreibe die entsprechenden Textstellen heraus.

_____

_____

_____

_____

4 Wie stellst du dir den Meister vor? Wähle aus den Vorgaben auf dem Bastelbogen die jeweils treffendste Variante aus, schneide sie aus und statte die Anziehpuppe damit aus. Augen- und Haarfarbe kannst du selbst bestimmen und nach deiner Vorstellung gestalten.

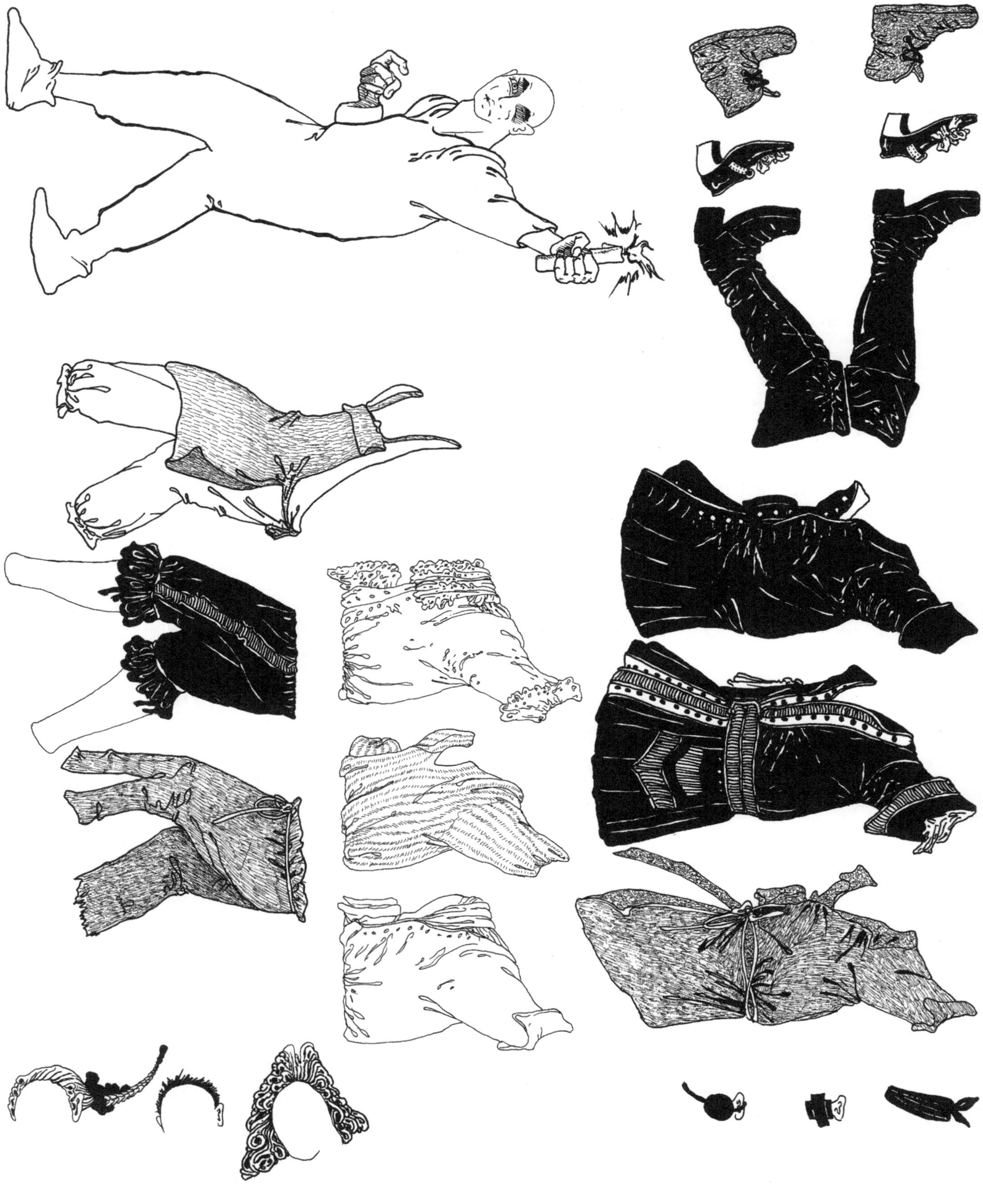

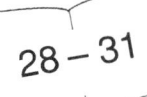 28 – 31   **A5**   **Träume 1**    14 · 15

Fluchtversuch

1 Sicher hast du schon einmal Alpträume gehabt. Erzähle einen solchen Traum.

_____

_____

_____

_____ ...

2 Krabat träumt davon, im Sommer aus der Mühle zu fliehen (📖 28 – 31). Warum kann man seinen Traum als Alptraum bezeichnen?

_____

_____

_____

3 Nenne die Tiere, die Krabat in seinem Traum begegnen.

_____

_____

_____

4 Was haben die Tiere gemeinsam?

_____

_____

5 Was bedeutet Krabats Traum?

_____

_____

_____

6 Setze den Traum gestalterisch um.
Tipp: Du kannst z. B. ein Labyrinth mit Tieren zeichnen, bei dem alle Wege zur Mühle zurückführen.

| A6 | **Die Mühle 1** | →  | 6 · 7 |

Der Tote Gang

1 „Die Mühle im Koselbruch hatte sieben Mahlgänge. Sechs wurden ständig benützt, der siebente nie; deshalb nannten sie ihn den Toten Gang." (32)
Die Begründung für diese Namensgebung ist nicht naheliegend. Wie würdest du einen Mahlgang nennen, der nie benutzt wird?

_____

2 Was findet Krabat im Toten Gang?

a tote Ratten ☐

b Getreide ☐

c Kieselsteine ☐

d Zähne und Knochensplitter ☐

3 Krabat wird in einer Neumondnacht wach, weil er meint, dass die Mühle brennt. Als er aus dem Fenster schaut, sieht er …
Lies die entsprechende Textstelle (36, Z. 9 – 29) und setze Krabats Beobachtungen gestalterisch um (Bild, Collage, Computergrafik o.ä.).

4 Es wird nicht gesagt, wer „der mit der Hahnenfeder" ist, den der Meister „Gevatter" nennt.
Was glaubst du? Begründe deine Einschätzung mit Textbelegen.

_____

_____

_____

_____

_____

_____

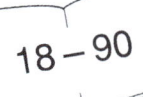 18 – 90

A7   **Freundschaft und Liebe 1**  4

Krabat und Tonda

1 Krabat sagt zu Tonda: „Bleib mir zuliebe! Ich kann es mir auf der Mühle nicht vorstellen ohne dich." (📖 84)
Warum dies so ist, erklärt Krabat Tonda in einem Brief. Schreibe diesen Brief.

Lieber Tonda, _____

_____

_____

_____

_____

_____

_____

_____

_____ ...

2 Tonda schenkt Krabat sein Messer als Andenken. Erkläre, welche Eigenschaft es besitzt.

_____

_____

3 Zitiere Hinweise im Text (📖 82 – 90), die darauf hindeuten, dass Tondas Tod kein Unfall war.

– Tondas Messerklinge verfärbt sich. Ihm droht ernste Gefahr. (S. 82, 84)

_____

_____

_____

_____

_____

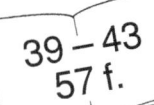

39 – 43
57 f.

A8 **Magie 1**

11

Krabat wird Zauberlehrling

1 Nach einem Vierteljahr Probezeit auf der Mühle wird Krabat Schüler in der Schwarzen Schule. Was lernt man dort?

_____

2 Anhand von Krabats erster Schulstunde kannst du verdeutlichen, wie der Unterricht in der Schwarzen Schule aussieht (📖 40 – 43, 50 f.). Ergänze den Lückentext.

Thema der Stunde: _____

_____

Unterrichtszeit: _____

Verlauf:

Der Meister hebt die _____ Hand, sagt: „_____"

und verwandelt die Gesellen in _____. Er liest in singendem Tonfall

einen Abschnitt aus dem _____ vor und _____ sich

dabei steif in den Hüften vor und zurück. Danach verliest er den _____

_____. Text und Zauberformel spricht er insgesamt_____.

Die verzauberten Gesellen müssen die Worte nacheinander_____.

Am Schluss der Stunde fliegen die Raben zurück in den Hausflur und verwandeln

sich wieder in_____.

3 Der Zauberspruch in Krabats erster Schulstunde besteht aus einer „Folge von unverständlichen Wörtern, wohllautend alle und dennoch mit einem dunklen, Unheil beschwörenden Unterton" (📖 42). Schreibe diesen Zauberspruch, mit dem man einen Brunnen zum Versiegen bringen kann. Du darfst ihn auch in verständliche Sprache übersetzen.

_____

_____

_____

4 Kreuze an, welche Aussagen über den Unterricht zutreffen.

a Der Meister bestraft die Schüler, die nicht gut genug lernen. ☐

b Die Teilnahme am Unterricht ist freiwillig. ☐

c Wer den Zauberspruch richtig aufsagt, erhält einen freien Tag. ☐

d Krabat lernt in seiner ersten Schulstunde einen bösen Zauber. ☐

e Die Schüler dürfen nicht im Koraktor lesen. ☐

Lektüre: Krabat © 2001 Oldenbourg Schulbuchverlag GmbH

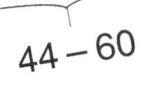 44 – 60  **A9** **Magie 2** → **B** 1

Das Ritual der Geheimen Bruderschaft

1 Welche Bedeutung hat das Osterfest für Christen? Schlage ggf. in einem Lexikon nach.

_____

_____

2 Das Ritual der Geheimen Bruderschaft beginnt bei Anbruch der Osternacht. Der Meister schickt die Gesellen aus, sich „das Mal zu holen" (📖 45). Lies die entsprechende Textstelle (📖 45 – 57) und beantworte die folgenden Fragen.

a Wie bildet der Meister die Paare?

_____

b Wo müssen die Paare die Osternacht verbringen?

_____

c Wie bekommen die Gesellen ihr Mal?

_____

d Mit welchen Worten müssen die Gesellen bei ihrer Rückkehr unter dem Joch hindurchgehen?

_____

e Wie empfängt sie der Meister im Hausflur?

_____

f Die Gesellen müssen sich dreimal tief verneigen. Was geloben sie danach?

_____

g Was bedeutet es, das Mal „abzuschwitzen"?

_____

3 Versuche, den Drudenfuß ☆ in einem Zug zu malen.

4 Was verändert sich für Krabat, nachdem er an dem Ritual teilgenommen hat? Worin liegt der Unterschied zum christlichen Osterfest?

_____

_____

Quiz 1

Löse das Kreuzworträtsel. Die Buchstaben in den fett gedruckten Kästchen verraten dir das Lösungswort (ß – ss).

1 In dieser Sprache reden die Gesellen und der Meister.
2 An diesem Wochentag findet der Unterricht in der Schwarzen Schule statt.
3 Der „Spitzel" des Meisters.
4 So nennt Krabat das Mädchen, das in der Osternacht vorsingt.
5 Er hilft Krabat im Traum.
6 In diesem Ort ist Krabat aufgewachsen.
7 Das Alter Krabats, als er Mühlengeselle wird.
8 Der Name des Flusses, an dem die Mühle liegt.

9 In dieser Jahreszeit kommt Krabat zu der Mühle.
10 Das Gefühl der Gesellen in der Silvesternacht.
11 Der Name des Zauberbuchs.
12 Das Mal der Geheimen Bruderschaft.
13 In dieser Nacht kommt „der mit der Hahnenfeder".
14 Das will Krabat mit Tondas Messer schneiden.
15 Daraus holen die Gesellen das „Bier" für die Soldaten.
16 Das tragen die Mädchen in der Osternacht ins Dorf.

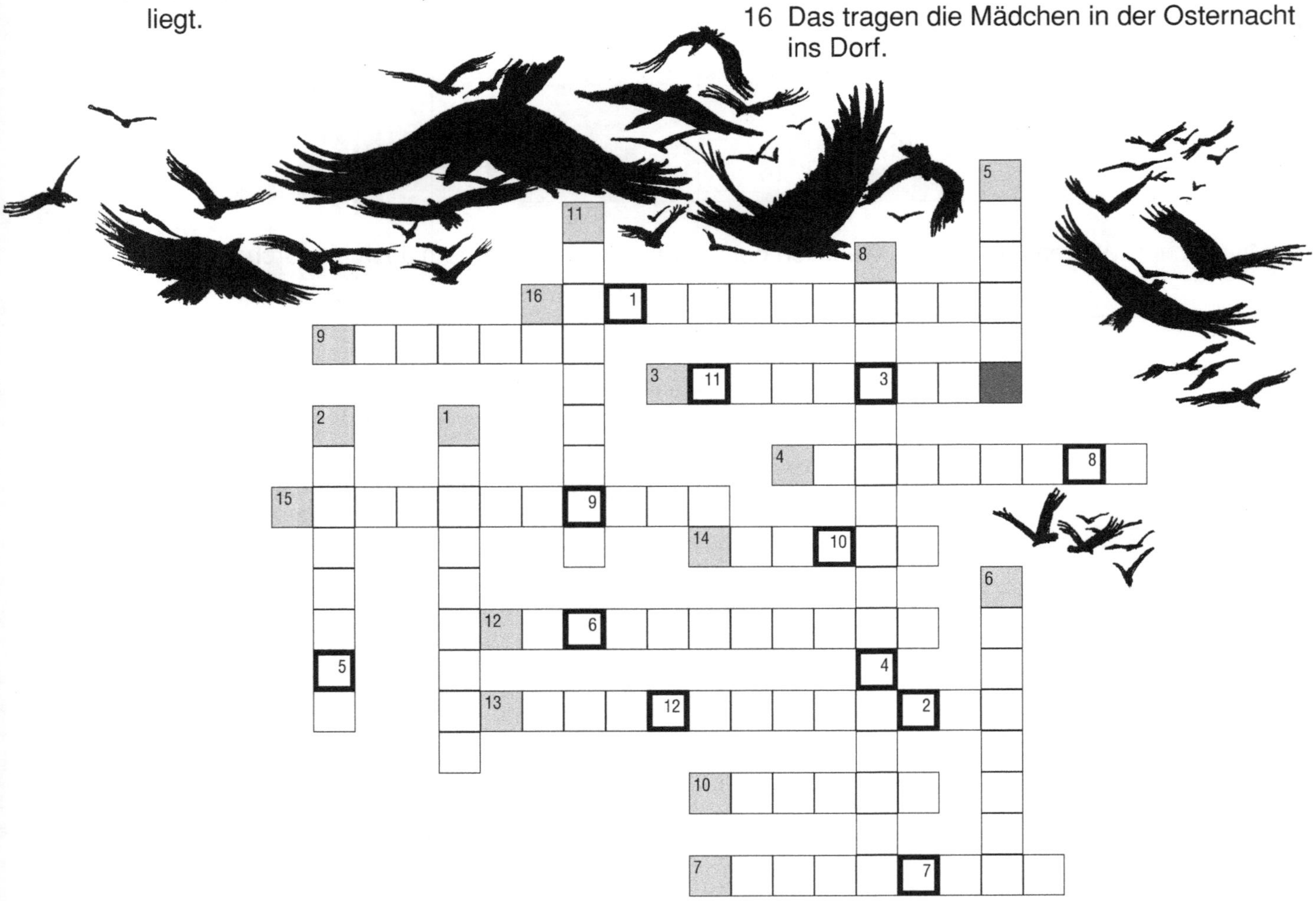

Lösungswort:

| 1 | 2 | 3 | 4 | 5 | 6 | 7 | 8 | 9 | 10 | 11 | 12 |

Lektüre: Krabat © 2001 Oldenbourg Schulbuchverlag GmbH

49 – 52
57 / 86
119 – 126

A10 **Freundschaft und Liebe 2** → **B** 4 · 16

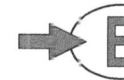

Krabat verliebt sich

1 Wie reagiert Krabat, als er die Stimme der Kantorka zum ersten Mal hört (📖 49)? Kreuze die zutreffenden Antworten an.

a Krabat traut sich kaum zu atmen. ☐

b Er singt mit. ☐

c Er geht der Stimme nach. ☐

d Er sagt zu Tonda: „Ich habe mich in diese Stimme verliebt." ☐

e Er ist wie verzaubert. ☐

2 Nach der Osternacht hätte Krabat die Kantorka „gern vergessen, aber es gelang ihm nicht" (📖 57). Versuche zu erklären, warum er so empfindet.

Er möchte die Kantorka vergessen, weil _____

_____

_____

Es gelingt ihm nicht, weil _____

_____

_____

3 Nenne Hinweise im Text (📖 119 – 126), die darauf hindeuten, dass Krabat sich in die Kantorka verliebt hat.

_____

_____

4 Wie stellst du dir die Kantorka vor? Schreibe die Angaben über ihr Äußeres aus dem Text heraus (📖 122 f.).
Klebe ein dazu passendes Bild z.B. aus einer Zeitschrift in den dafür vorgesehenen Rahmen oder zeichne sie.

_____

_____

_____

_____

Das Doppelgesicht der Magie

1 Hier werden positive und negative Seiten der Magie gegenübergestellt. Ergänze den Lückentext mithilfe des Wortspeichers.

a Magie _____ : _____

Tagsüber können die Gesellen ohne Anstrengung arbeiten. (📖 56 – 57)

b Magie _____ :

„Noch ahnte der Junge nicht, dass er dem Meister von nun an verfallen war, ausgeliefert mit Leib und Seele, auf Tod und Leben, mit Haut und Haar." (📖 53)

c Magie _____ :

Wenn man z. B. keine Pilze findet, kann man sich welche zaubern. (📖 82 – 83)

d Magie _____ :

Die herbeigezauberten Pilze sind ungenießbar. Man verdirbt sich daran den Magen. (📖 83)

e Magie _____ :

Man kann sich verzaubern und Menschen auf lustige Weise eine Lehre erteilen. (vgl. Ochsenblaschke aus Kamenz, 📖 61 – 68)

f Magie kann grausam sein: _____

Der Meister erteilt Krabat auf brutale Weise eine Lehre. (📖 137 f.)

g Magie _____ :

Wenn man „Aus-sich-hinausgeht", gelangt man an jeden beliebigen Ort. (📖 121)

h Magie _____ :

Es passiert leicht, dass man nicht mehr in seinen Körper zurückfindet und eine ruhelose Existenz zwischen Leben und Tod führt. (📖 120)

i Magie _____ :

Selbst der Kurfürst hört auf den Rat des Meisters und befolgt ihn. (📖 116)

j Ein Magier _____ :

Der Meister rät dem Kurfürsten, den grausamen Krieg weiterzuführen. (📖 114)

Wortspeicher:
ist ein Mittel, das einem selbst über Fürsten und Könige Macht verleiht; ersetzt nicht die Realität; erfüllt Wünsche; ist gefährlich; erleichtert die körperliche Arbeit; kann Menschen manipulieren und sie dazu bringen, schlimme Dinge zu tun; macht Spaß; überwindet körperliche Grenzen; hat ihren Preis

---

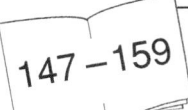

147 – 159

A12   Der Meister 2

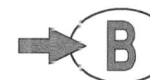

3 · 13

Der Meister ist besiegbar

1 Nach dem Radhub ist der Meister „redselig und bei bester Laune" (📖 147), lobt die Gesellen, singt und wird vom vielen Alkohol schwermütig. Welche Aussagen treffen deiner Meinung nach in dieser Situation auf den Meister zu? Kreuze an.

a Der Meister wirkt sympathisch. ☐

b Er zeigt Schwächen. ☐

c Er versucht, seine Sorgen durch den Alkohol zu verdrängen. ☐

d Er ist einsam. ☐

e Er sieht ein, dass sein bisheriges Verhalten gegenüber den Gesellen falsch war. ☐

2 Der Meister erzählt den Gesellen von seinem ehemaligen Freund Jirko. Was ist aus Jirko geworden?

_____

3 Gestalte eine Bildergeschichte zu dem Kampf zwischen Pumphutt und dem Meister (📖 152 – 156). Du kannst die einzelnen Bilder malen, Collagen zusammensetzen oder Computergrafiken erstellen – deiner Fantasie sind keine Grenzen gesetzt.

4 Warum bestraft der Meister deiner Meinung nach die Gesellen nach seinem Kampf mit Pumphutt?

_____

_____

5 Wie sieht diese Strafe aus?

_____

_____

6 Beschreibe, wie „der mit der Hahnenfeder" die Strafe beendet und den Meister vor seinen Gesellen demütigt.

_____

_____

_____

_____

Die Neujahrsnacht

1 Gegen Ende des Jahres bekommen die Gesellen wieder Angst, weil einem von ihnen der Tod bevorsteht. Krabat überlegt: „Jeder von ihnen, mit Ausnahme Witkos vielleicht, konnte in diesem Jahr an der Reihe sein. Aber wer? Und warum nur?" (📖 162) Versuche, Krabats Fragen zu beantworten.

a Wer könnte in diesem Jahr das Opfer sein?

_____

b Welche Gründe sprechen gerade für diese Figur?

	Textbelege

2 Krabat begegnet Michal, der Hacke und Schaufel trägt. „Gebückt ging er, schleppenden Schrittes, fahl im Gesicht." (📖 164) An diesem Abend schreibt Krabat nach langer Zeit mal wieder in sein Tagebuch. Schreibe diesen Tagebucheintrag.

_____

_____

_____

_____

_____ ...

3 In der Silvesternacht stirbt Michal. Spiele Detektiv und suche Gründe, die dagegen sprechen, dass Michals Tod ein Unfall war.

_____

_____

_____

_____

11 – 165

A14 Die Mühle 2

 B) 6

Der Jahresablauf in der Mühle

1 Du hast nun zwei Jahresabläufe in der Mühle kennengelernt. Trage in Stichworten in den Kalender ein, was in den jeweiligen Monaten und an bestimmten Wochen- bzw. Feiertagen passiert.

1. Jahr	2. Jahr
JANUAR (📖 11, 17, 89, 95 – 101, 164) 1. Januar (Neujahr)	....
	....
6. Januar (Heilige Drei Könige)	....
	....
MÄRZ/APRIL (📖 39, 44 – 60, 117, 125 f.) Karfreitag	....
	....
Karsamstag	....
	....
Ostersonntag	....
	....
Ostermontag	....
	....
DEZEMBER (📖 87 – 89, 60, 164) 31. Dezember (Silvester)	....
	....
immer freitags (📖 22, 57)	....
	....
in den Neumondnächten (📖 58 – 60)	....
	....

2 Beschreibe, wie deiner Meinung nach das dritte Jahr verlaufen wird, falls nicht etwas Unvorhergesehenes passiert.

_____

_____ ...

Quiz 2

1 Mit welchem magischen Zeichen kann man verhindern, dass man vom Meister überwacht wird?

_____

_____

2 In dem Buchstabenrätsel sind fünf Namen versteckt (senkrecht oder waagrecht), die in Krabats zweitem Jahr auf der Mühle eine Rolle spielen. Kreise die Namen ein, schreibe sie heraus und erläutere kurz, wer die jeweilige Figur ist.

E	D	U	H	I	Ü	B	C	V	S
L	K	O	J	E	T	C	T	K	W
M	A	P	I	T	P	A	L	Ä	E
F	U	X	R	O	U	R	W	Z	U
E	G	A	K	P	M	Ü	P	L	I
Z	U	E	O	K	P	W	Y	T	Z
L	S	I	T	L	H	A	N	Z	O
H	T	K	P	R	U	P	R	E	D
T	U	O	W	I	T	K	O	L	U
Z	S	X	U	G	T	H	L	P	X
R	Z	H	J	K	L	P	E	S	X

1. _____

_____

2. _____

_____

3. _____

_____

4. _____

_____

5. _____

_____

A15 **Die Gesellen 3** → **B** 12

Name: Klasse: Datum:

Mertens Fluchtversuch

1 Wie verhält sich Merten nach Michals Tod? Kreuze an, was zutrifft. Mehrere Antworten sind möglich.

a Er verschließt sich den anderen Gesellen gegenüber. ☐

b Er greift den Meister an. ☐

c Er spricht nicht mehr. ☐

d Er widersetzt sich den Anweisungen des Meisters. ☐

e Er arbeitet nicht mehr. ☐

f Er isst nichts mehr. ☐

2 Merten versucht schließlich dreimal zu fliehen. Lies die entsprechende Textstelle (📖 183 – 188) und ergänze die Tabelle. Du kannst direkte Zitate oder sinngemäße Zusammenfassungen verwenden.

Art des Fluchtversuchs	Reaktion des Meisters
1. Fluchtversuch: Merten läuft nachts weg und ist am Abend wieder da.	Der Meister verhöhnt ihn: „Was keiner bisher geschafft hat, das schaffst auch du nicht." (📖 185)
2. Fluchtversuch:	
3. Fluchtversuch:	

3 „Sie fühlten sich alle angespuckt, alle – und das, was der Meister sagte, sie spürten es, galt ihnen insgesamt, ohne Ausnahme." (📖 188)
Versetze dich in die Situation eines der Gesellen. Schreibe einen Brief an einen Freund/eine Freundin, in dem du deine Gedanken und Gefühle zu Mertens Fluchtversuchen offen äußerst.

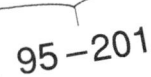

A16   **Krabat 2**    4

Krabat wird erwachsen

1 Wie alt ist Krabat mittlerweile? Begründe deine Schätzung. (📖 101 f./ 📖 170 f.)

_____

_____

2 Wie verhält sich Krabat den anderen Gesellen, insbesondere Lobosch gegenüber?

_____

_____

_____

_____

3 Kennzeichne, inwieweit die folgenden Adjektive auf Krabat zutreffen.

	trifft voll zu				trifft gar nicht zu	
a verantwortungsbewusst	1	2	3	4	5	6
b erwachsen	1	2	3	4	5	6
c hilfsbereit	1	2	3	4	5	6
d einfühlsam	1	2	3	4	5	6
e albern	1	2	3	4	5	6
f verschlossen	1	2	3	4	5	6
g verliebt	1	2	3	4	5	6
h klug	1	2	3	4	5	6
i hinterhältig	1	2	3	4	5	6
j leichtgläubig	1	2	3	4	5	6
k gehorsam	1	2	3	4	5	6

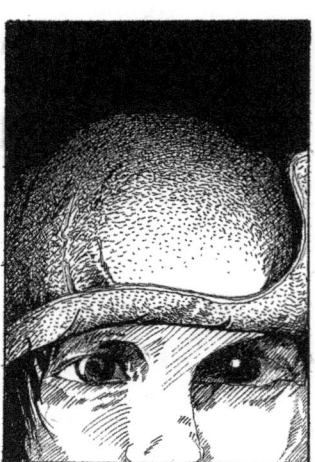

4 Vergleiche diese Einschätzung mit deiner Beurteilung des jungen Krabat A2 und erläutere dein Auswertungsergebnis anhand von drei Beispielen.

_____

_____

_____

_____

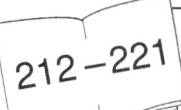

Die Wahrheit

1 Juro erzählt Krabat, dass der Meister jedes Jahr in der Neujahrsnacht einen der Gesellen opfert (📖 213). Erkläre, warum der Meister sich so verhält.

_____

_____

_____

_____

2 Der Leser erfährt nicht, wie viele Gesellen insgesamt in den letzten Jahren für den Meister sterben mussten, aber es werden sechs Menschen benannt, für deren Tod der Meister verantwortlich ist. Schreibe auf, um wen es sich handelt.

_____

_____

3 Wie kann der Meister besiegt werden?

_____

_____

_____

4 „Eines begreife ich nicht", sagte Krabat nach langem Schweigen. „Warum hat kein anderer je versucht, diesen Weg zu gehen?" (📖 219)
Nenne die fünf Gründe, die Juro als Erklärung anführt.

_____

_____

_____

_____

_____

_____

_____

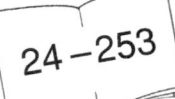

A18 **Freundschaft und Liebe 3**  17

Juro und die Kantorka helfen Krabat

1 Würdest du Juro gern als Freund haben? Begründe deine Meinung.

_____

_____

_____

_____

_____

2 Juro unterstützt Krabat bei seiner Vorbereitung auf den Kampf mit dem Meister und hilft ihm in vielen Situationen. Nenne Beispiele dafür (Textbelege).

_____

_____

_____

_____

3 Die Kantorka schenkt Krabat einen Ring aus Haar. (📖 241 f.) Welche Bewandtnis hat es mit diesem Ring?

_____

_____

4 „Krabat ist ein egoistischer Mensch. Er nutzt die Hilfsbereitschaft Juros und der Kantorka ohne Gegenleistung aus und bringt sie dadurch in Lebensgefahr."
Stimmst du dieser Auffassung zu? Begründe deine Antwort mit Textbelegen.

_____

_____

_____

_____

A19   **Krabat 3**    4

207 – 252

Krabat wird auf die Probe gestellt

1 „Krabat war nicht mehr der Krabat von früher. […] Er war bei der Kantorka und die Kantorka war bei ihm und die Welt wurde immer heller ringsum, immer grüner mit jedem Tag." (📖 205) Der Meister versucht, durch verschiedene Maßnahmen wieder die volle Kontrolle über Krabat zu gewinnen. Beschreibe in Stichpunkten Krabats jeweilige Reaktion darauf.

Krabats Reaktion:

a   Lyschko versucht, den Namen des Mädchens herauszubekommen. (📖 207)

b   Der Meister versucht als Habicht, die Kantorka im Traum zu sehen. (📖 207f.)

c   Der Meister versucht, Krabat einzuschüchtern, und wirft ihm Heimlichkeiten vor. (📖 207f.)

d   Der Meister ist überfreundlich zu Krabat und gewährt ihm einen freien Tag. (📖 209f.)

e   Er versucht, sich bei Krabat einzuschmeicheln, indem er zugesteht, Lyschko nicht zu mögen. (📖 216)

f   Der Meister bezeichnet Krabat als Meisterschüler und gibt ihm sonntags frei. (📖 217)

g   Der Meister lässt Krabat und Juro die Geschichte von sich und Jirko spielen, damit Krabat ebenfalls seinen Freund umbringt. (📖 225 – 230)

h   Der Meister schickt Krabat nach Schwarzkollm zur Kirmes, damit er die Kantorka trifft. (📖 233)

i   Der Meister bietet Krabat die Nachfolge an. (📖 244f.)

j   Er verspricht Krabat, dass Krabat nicht sterben wird. (📖 245f.)

k   Der Meister droht Krabat mit dem Tod. (📖 246)

l   Der Meister weist Krabat auf die Folgen eines Sieges hin: den Verlust der Zauberkunst. (📖 246)

m   Der Meister schickt Krabat böse Träume. (📖 248 – 252)

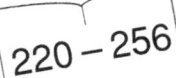 **A20** **Krabat 4**  1 · 4

Die Entscheidung

1 In seinem letzten Traum gelingt es Krabat, den Meister zu besiegen. Welche Bedeutung hat dieser Traum?

_____

_____

_____

2 Mit welcher List will Krabat den Meister bei der Probe überlisten und der Kantorka helfen (📖 220f.)?

_____

_____

_____

3 Wie vereitelt der Meister Krabats Vorhaben?

_____

_____

_____

4 Krabat fragt die Kantorka nach der bestandenen Probe: „Wie hast du mich [...] unter den Mitgesellen herausgefunden?" (📖 256). Schreibe die Antwort der Kantorka auf.

_____

_____

_____

5 Wer hat deiner Meinung nach den Meister besiegt? Krabat oder die Kantorka? Oder beide? Begründe deine Meinung.

_____

_____

_____ ...

11 – 256

Quiz 3

Vergleiche die Zusammenfassung des Sagenanfangs „Krabat, der Hexenmeister" (☐ 259 ff.) mit Otfried Preußlers Roman. Wie viele Unterschiede kannst du entdecken? Benenne mindestens fünf.

Krabat, der Hexenmeister

Krabat, der Sohn eines armen wendischen Viehhirten, muss zur Versorgung seiner Familie beitragen. Im Sommer hütet er die Gänse reicher Bauern, während der kalten Jahreszeit zieht er bettelnd von Hof zu Hof.

Bei diesen Bettelgängen kommt er zur Teufelsmühle bei Schwarz-Collm. Der Müller, den alle Bewohner aus der Umgebung wegen seiner Kenntnisse in der Schwarzen Magie meiden, findet Gefallen an Krabat und fordert ihn auf, bei ihm in die Lehre zu treten. Krabat willigt in der Hoffnung auf ein besseres Leben ein.

In der Mühle leben noch elf andere junge Männer, die Zauberschüler des Meisters. Jedes Jahr an einem bestimmten Tag müssen sie sich um ein großes, mit einem Zeichen markiertes Rad stellen, das vom Meister in Bewegung gesetzt wird. Derjenige, bei dem das Zeichen stehen bleibt, stirbt und muss seine Seele dem Teufel überlassen. Kurz darauf kommt wieder ein neuer Schüler an die Mühle, um die magische Zahl von zwölf Zauberschülern zu vervollständigen. In diesem Jahr ist es Krabat.

Krabat merkt schnell, was in der Mühle vor sich geht, aber ihn zieht die Schwarze Magie stark an. Bereits nach kurzer Zeit beherrscht er die Zauberei ebenso gut wie sein Meister. Trotzdem lässt ihn die Angst vor dem jährlichen Todesroulette und seinem möglichen Tod nicht los. Also ersinnt er eine List, um sich aus der Mühle zu befreien.

Kurz vor Ende des Lehrjahres bittet er den Meister um Erlaubnis, seine Eltern besuchen zu dürfen, was dieser ihm gewährt. Krabat informiert sie über seine Situation und erklärt seiner Mutter, dass sie ihn retten kann, wenn sie ihn unter den zwölf als Raben verzauberten Schülern erkennt. Krabat vereinbart mit ihr ein Zeichen: Während sich alle Raben ihre Federn unter dem linken Flügel rupfen will er seinen Schnabel unter den rechten Flügel stecken.

Am nächsten Tag kehren Mutter und Sohn zur Teufelsmühle zurück. Dank der vorigen Absprache erkennt die Mutter ihren Sohn und der Müller muss ihn freisprechen.

Sie verlassen die Teufelsmühle, ohne sich zu verabschieden. Dabei gelingt es Krabat, eines der besten Zauberbücher zu stehlen. [...]

_____

_____

_____

_____

_____

_____

_____

_____

_____

_____

_____

  **Szenische Interpretation 1** →  2 · 9 · 20

Standbilder bauen

1 Baut zu einer wichtigen Textstelle des Romans ein Standbild. Dabei wird wie bei einem Foto ein kurzer Moment eingefroren, den man in Ruhe betrachten kann. Stellt entweder eine Situation und/oder das Verhältnis verschiedener Figuren zueinander dar.

Folgende Regeln solltet ihr beachten:

- Bestimmt zunächst eine Person, die das Standbild baut.
- Während des Standbildbaus sollte nicht gesprochen werden.
- Die Mitspieler sind „Bildmaterial" und werden vom Spielleiter nach seiner bildlichen Vorstellung ausgewählt und modelliert (Gestik, Körperhaltung, Position).
- Die Mimik wird zunächst vom Spielleiter vorgeführt und dann von den Mitspielern übernommen und „eingefroren".
- Die Zuschauer werten das Standbild anschließend gemeinsam mit dem Spielleiter aus (Was ist zu sehen? Wie ist das Bild zu deuten?) und überarbeiten es gegebenenfalls.

---

2 Wählt eine Textstelle aus (z. B. die Kantorka rettet Krabat, 253 – 257) und gestaltet eine Fotogeschichte dazu. Baut dazu zunächst Standbilder, fotografiert diese und verseht die Fotos mit Bildunterschriften bzw. Sprechblasen.

3 Als Mitspieler in einem Standbild seid ihr Teil der Szene und könnt die Stimmung in der dargestellten Situation besonders gut nachvollziehen. Probiert dies mit den folgenden Szenen a und b aus und besprecht anschließend, wie ihr euch gefühlt habt.

a **Krabats erster Traum** (12, Z. 9 – 18)
Im Mittelpunkt steht Krabat, der mit geschlossenen Augen auf dem Boden liegt und träumt. Nachdem das Standbild gebaut worden ist, darf die Person, die Krabat darstellt, die Augen öffnen und das Bild betrachten. Danach schließt sie wieder die Augen und hört auf die Stimmen des Meisters und der Raben, die nun den Text sprechen.

b **Das Ritual der Geheimen Bruderschaft** (53)
Zunächst werden 12 Gesellen – natürlich auch Gesellinnen – aus der Klasse ausgelost, die sich gegenseitig den Drudenfuß auf die Stirn malen. Danach wird ein Standbild gebaut, in dem diese durch das Joch gehen.
Spielt diese Szene anschließend weiter, bis alle Gesellen ihr Gelöbnis erneuert haben.

B2 **Szenische Interpretation 2** → **A** | 2 · 6

Dramatisierung einer Textstelle

1 Hörspielszene – Theaterszene

a Wählt eine Textstelle aus und wandelt sie in Hörspiel- oder Theaterszenen mit (verteilten) Rollen und Regieanweisungen um. Ihr könnt euch für einen Ausschnitt aus der Haupthandlung (z. B. Romananfang, 11–16) oder für eine der abgeschlossenen Zwischenepisoden (z. B. 61–68) entscheiden.

Verfasst Szenen-Entwürfe, überarbeitet sie und druckt dann die fertige Szene noch mehrmals aus, damit alle Mitspieler ihren Text problemlos lesen können.

b Nehmt die Szenen auf bzw. spielt sie einander vor. Besprecht, ob die Figuren und die Stimmung der jeweiligen Textstelle treffend wiedergegeben werden.

2 Geräuschszene

a Wählt eine kurze Textstelle aus, die ihr in eine Geräuschszene umwandelt (z. B. Arbeit in der Neumondnacht, 36f.). Lasst alle erzählenden Passagen weg und versucht, diese Szene nur mit Stimmen und Hintergrundgeräuschen darzustellen.

Benutzt die Schreiblinien für eure Notizen. Überlegt zunächst, welche Geräusche in eurer Szene vorkommen, und bestimmt dann eine mögliche Geräuschabfolge.

_____

_____

_____

_____

_____

_____

_____

_____

_____

_____

b Spielt eure Geräuschszenen in der Klasse vor. Dazu müssen die Zuhörer die Augen schließen und sich auf die Klangkulisse konzentrieren.

Wertet anschließend gemeinsam aus, was die Zuhörer erkannt haben (Figuren, Gegenstände, Handlungen) und wie die Szene auf sie gewirkt hat.

B3 **Szenische Interpretation 3** → **A** 12 · 17

Rollengespräche

1 Interview

a Bildet Zweiergruppen und interviewt eine Figur aus dem Roman (z. B. die Kantorka). Eine/r von euch übernimmt die Rolle des Interviewers und schreibt sich interessante Fragen zu dieser Figur auf. Die Fragen können sich zunächst auf allgemeine Angaben zur Person (z. B. Alter, Familie) beziehen, sollten dann aber konkret auf Verhalten und Gefühle in bestimmten Situationen des Romans ausgerichtet werden.
Der andere versetzt sich mithilfe des Textes in die ausgewählte Figur hinein, um später so genau wie möglich aus der Rolle heraus antworten zu können.
Benutzt die Schreiblinien für eure Notizen.

_____

_____

_____

_____

_____

_____

_____

_____

_____

_____

b Spielt einige Interviews vor der Klasse und besprecht, ob die Spielerinnen und Spieler in ihren Rollen euren Vorstellungen von der Romanfigur entsprochen haben.

2 Kreuzverhör

Nehmt den Meister ins Kreuzverhör und fragt ihn nach Beweggründen seines Verhaltens.
Eine Schülerin oder ein Schüler spielt dazu den Meister, versetzt sich in seine Figur und stützt sich auf Angaben aus dem Text. Die Klasse stellt die jeweiligen Fragen.

3 Rollenmonolog

Spielt eine Szene aus dem Roman (aus dem Stegreif improvisiert oder nach einem vorher erarbeiteten Drehbuch geprobt) vor der Klasse vor. Wenn die Zuschauer diese Szene durch ein vorher vereinbartes Zeichen unterbrechen, müssen die Schauspieler erstarren und den Zuschauern mitteilen, was die von ihnen dargestellte Figur in diesem Moment denkt.

(B4) Charakterisieren   ➡ A 2 · 10 · 16 · 19 · 20

Wer ist Krabat?

1 Wenn du eine literarische Figur charakterisierst, dann beschreibst du (z. B. Aussehen und Verhalten) und deutest die beobachteten Merkmale.
Trage in Stichworten ein, welche Informationen der Leser in den folgenden Bereichen über Krabat erhält. Verwende verschiedenfarbige Stifte (schwarz = Krabat als Jugendlicher, blau = Krabat als Erwachsener, rot = Deutung).

a äußere Merkmale (Alter, Größe usw.)

_____

_____

b typische Verhaltensweisen (Mimik, Gestik, Körperhaltung, Sprechweise, Kleidungsgewohnheiten usw.)

_____

_____

c Tatsachen aus der Lebensgeschichte (z. B. Herkunft)

_____

_____

d soziale Beziehungen (z. B. Arbeit in untergeordneter Stellung)

_____

_____

e Denken und Sprechen in bezeichnenden Situationen

_____

_____

f Verhalten anderer Figuren gegenüber Krabat

_____

_____

2 Fasse nun deine Ergebnisse zusammen und charakterisiere den erwachsenen Krabat.
Bemühe dich dabei um eine sachliche Darstellung und schreibe im Präsens.

3 Krabat gehört zu dem westslawischen Volk der Wenden (Sorben). Informiere dich in dem Aufsatz „Die Sorben heute" (📖 277), in einem Lexikon und im Internet über diese Volksgruppe.
Stelle deine Ergebnisse in einem Kurzreferat in der Klasse vor.

 11 – 256

Erzählform/Aufbau

1 In welcher Erzählform ist der Roman geschrieben? Kreuze an.

Ich-Form ☐   Er/Sie-Form ☐

2 Erzähle einen kurzen Abschnitt (📖 17) in der Ich-Form aus der Perspektive Krabats.

_____

_____

_____

_____

_____

3 Beschreibe die unterschiedliche Wirkung von Ich-Form und Er/Sie-Form.

_____

_____

4 Warum wird der Roman nicht aus der Perspektive des Meisters erzählt? Begründe deine Meinung.

_____

_____

5 Die eigentliche Handlung des Romans wird immer wieder von Krabats Träumen und eingeschobenen Geschichten unterbrochen. Nenne jeweils eine Textstelle als Beispiel.

Traum: _____   eingeschobene Geschichte: _____

6 Kreuze an, welche Aussagen auf die eingeschobenen Geschichten zutreffen.

a   Sie zeigen positive und negative Seiten des Zauberns. ☐

b   Sie verzögern die eigentliche Handlung und dienen so der Spannungssteigerung, weil der Leser wissen will, wie es weitergeht. ☐

c   Sie bieten eine Abwechslung für den Leser: eine kleine abgeschlossene Geschichte innerhalb des langen Romans. ☐

d   Sie geben dem Leser eine Zusammenfassung des bisherigen Geschehens. ☐

Gibt es die Mühle im Koselbruch?

1 Schreibe Ortsnamen, die im Roman genannt werden (z. B. 📖 11–13, 27, 6?, 63 f., 66 f.), heraus und markiere sie in der Karte.

_____

_____

_____

_____

_____

_____

_____

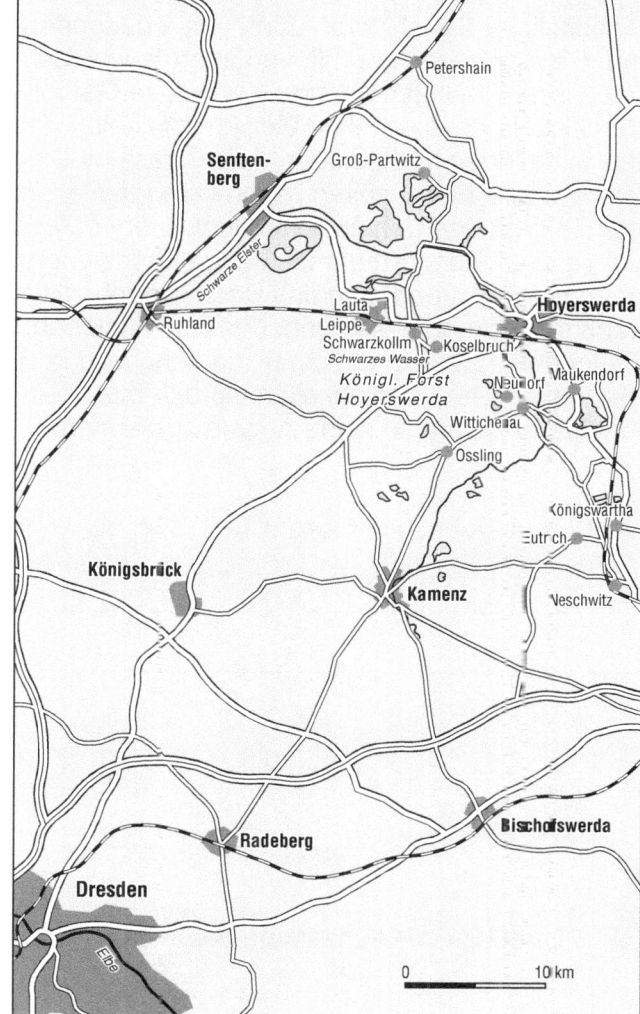

2 Zeichne die mögliche Lage der Mühle in die Karte ein.

3 Otfried Preußler sagt über die Mühle im Koselbruch:
„Wer danach sucht, sei es auf der Landkarte, sei es vor Ort, der wird sie nicht finden, nicht einmal Überreste davon. Die Mühle im Koselbruch hat es in Wirklichkeit nie gegeben."
Warum hat Preußler dann nicht auch die Ortsnamen erfunden?

_____

_____

_____

 4 Beschreibe einen Raum, der sich in der Mühle befindet (z. B. Klassenzimmer, Schlafraum, Toter Gang), möglichst genau. (Was sieht man als erstes, wenn man den Raum betritt? Wie groß ist der Raum? Was befindet sich an den Wänden? Welchen Ausblick hat man aus dem Fenster? Gibt es Möbel und Vorhänge? Aus welchem Material? Wie fühlen sie sich an? Hört man Geräusche? Wonach riecht es?)

5 Lest eure Raumbeschreibungen vor. Die Zuhörer schließen dabei die Augen und versuchen, sich den Raum genau vorzustellen. Tauscht anschließend eure Eindrücke aus.

  **Erzähltechnik 3**  6

Wirklichkeit und Fantasie

Die Faszination des Unheimlichen

Unheimliche Geschichten üben einen besonderen Reiz auf den Leser aus. Hier wird von gruseligen Begegnungen erzählt, von abergläubischen Vorstellungen und von Ängsten.

In unserer Realität bekämpfen wir diese Gefühle. Es ist uns peinlich, im Dunkeln Angst zu haben. Wir wissen, dass es keine Geister und keine Zauberei gibt. Trotzdem fürchten wir uns in bestimmten Situationen und glauben daran, dass es Dinge gibt, die die Wissenschaft nicht erklären kann. Unheimliche Geschichten beschwören diese Situationen herauf. Der Leser kann sich unbedenklich auf die Welt des Unheimlichen einlassen, da er die Situation kontrolliert. Hier handelt es sich nicht um Realität, sondern um eine ungefährliche, erdachte Welt. Wird das angenehm gruselige Gefühl unangenehm, kann man das Buch einfach zuklappen und befindet sich wieder in Sicherheit. Man kann seine Ängste also unbedenklich ausleben.

Besonders gut gelingt dies, wenn unheimliche Geschichten in einen realistischen Rahmen eingebettet sind. Der Wirklichkeitsanspruch macht es dem Leser leichter, sich mit dem Geschehen zu identifizieren und so seine Ängste zu bannen.

1 Worum geht es in diesem Text? Gib den Inhalt kurz in eigenen Worten wieder.

_____

_____

_____

_____

2 Stimmst du der Auffassung des Verfassers zu? Begründe deine Meinung.

_____

_____

_____

_____

3 Nenne mindestens drei Elemente des Romans, die wahr sind oder wahr sein könnten.

_____

_____

_____

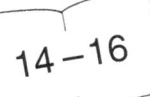 14–16 **B8** **Spannend erzählen 1** → **A** 2·4

Die Weglassprobe

Krabat tappte ein Stück durch den Wald, dann stieß er auf eine Lichtung. Als er sich anschickte, unter den Bäumen hervorzutreten, riss das Gewölk auf, der Mond kam zum Vorschein.

Jetzt sah Krabat die Mühle. Beherzt schritt er auf die Mühle zu und klopfte.

Die Tür ließ sich öffnen, sie war nicht verriegelt, er trat in den Hausflur ein. Hinten, am Ende des Ganges, etwas wie ein schwacher Lichtschein. „Wo Licht ist, werden auch Leute sein", sagte sich Krabat. Das Licht drang, er sah es im Näherkommen, durch einen Spalt in der Tür, die den Gang an der Rückseite abschloss. Sein Blick fiel in eine erhellte Kammer.

Hinter dem Tisch saß ein massiger Mann. Vor ihm auf dem Tisch lag ein dickes, in Leder eingebundenes Buch. Darin las er. Nun hob er den Kopf. Er musterte Krabat, dann schob er das Kinn vor und sagte: „Ich bin hier der Meister. Du kannst bei mir Lehrjunge werden, ich brauche einen. Du magst doch?" „Ich mag." Da hielt ihm der Meister die linke Hand hin. „Schlag ein."

1 Wie wirkt der Text auf dich? Beschreibe deinen Eindruck mithilfe der folgenden Skala.

	trifft voll zu					trifft gar nicht zu
a spannend	1	2	3	4	5	6
b unheimlich	1	2	3	4	5	6
c traurig	1	2	3	4	5	6
d grausam	1	2	3	4	5	6

2 Lies die entsprechende Passage im Buch (📖 14, Z. 11 – 📖 16, Z. 15) und trage nun in die Skala ein, wie diese Textstelle auf dich wirkt. Verwende dazu eine andere Farbe oder ein anderes Symbol.

3 Werte deine Ergebnisse aus Worin unterscheiden sich die beiden Texte? Wie hat sich die Wirkung verändert?

_____

_____

_____

_____

4 Notiere eine Textstelle, die weggelassen wurde. Erkläre, was daran spannend bzw. unheimlich wirkt.

_____

_____

_____

_____

  **Spannend erzählen 2**  2 · 6

Was einen Text spannend macht

1 Schreibe den Text (📖 13, Z.18 – 📖 14, Z. 2) ab und lasse alles weg, was ihn spannend macht (Weglassprobe).

_____

_____

_____

_____

_____

2 Der Alte „unterbrach sich, als habe er schon zu viel gesagt". Schreibe auf, was der alte Mann in diesem Moment denkt.

_____

_____

_____

_____

_____

3 Du findest hier Methoden, um Spannung zu erzeugen. Kreuze an, welche erzählerischen Mittel Preußler davon in seinem Roman verwendet. Nenne jeweils eine Textstelle als Beispiel.

Textstelle

☐ a Das Wichtigste erst am Schluss verraten (z. B. durch Gedanken, Vermutungen verzögern).
Es entsteht eine „spannungsgeladene" Zeit.   _____

☐ b Das „Entsetzliche" andeuten (Vorausdeutung).   _____

☐ c Reizwörter benutzen, die den Leser in eine gespannte oder gruselige Stimmung versetzen,
z. B. Gruselorte (dunkles Gewölbe), Gruselgeräusche, Empfindungen (Gänsehaut, Herzklopfen).   _____

☐ d An einer besonders dramatischen Stelle die Zeitform wechseln (vom Präteritum zum Präsens),
so rückt das Geschehen näher an den Leser heran.   _____

Lektüre: Krabat © 2001 Oldenbourg Schulbuchverlag GmbH

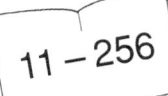  **Magie 1**  3 · 14

Magische Zahlen

1 Gibt es Zahlen, die für dich eine besondere Bedeutung haben? Hast du z. B. eine Glückszahl oder Unglückszahl?
Wenn nein, warum nicht?
Wenn ja, nenne diese Zahl(en) und erkläre ihre Bedeutung.

_____

_____

_____

_____

2 In vielen Kulturen wird den Zahlen über ihren Rechenwert hinaus eine symbolische Bedeutung zugeschrieben. So ist z. B. in der christlichen Religion die Drei die Zahl der Vollkommenheit (Dreifaltigkeit = Einheit von Vater, Sohn und Heiligem Geist), die Zwölf die Zahl des Kosmos (Monate im Jahr, Apostel Jesu) und die 33 die Zahl der Vollendung (Alter Christi zum Zeitpunkt seines Todes und der Auferstehung). Alle genannten Zahlen spielen auch in „Krabat" eine Rolle (insbesondere die Zahl Drei!). Nenne Beispiele dafür.
Achtung! Nur Experten werden die Zahl 33 finden.

_____

_____

_____

_____

3 Beschreibe die Wirkung, die durch die häufige Verwendung dieser Zahlen entsteht.

_____

_____

_____

4 Auch in anderen Textsorten kommen häufig magische Zahlen vor, insbesondere in Märchen. Nenne Beispiele dafür.

_____

_____

_____

_____

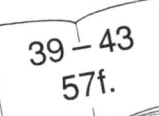 39 – 43 57f.

 **B11** **Magie 2**

 **A** 8

Der Reiz der Magie

1 Stell dir vor, der Meister gestattet dir, als Gastschüler an einer Unterrichtsstunde in der Zauberschule teilzunehmen. Welchen Zauber würdest du gerne lernen? Begründe deine Wahl.

_____

_____

_____

_____

2 Schreibe einen Zauberspruch zu deinem Zauber.

_____

_____

_____

_____

_____

3 Stell dir eine Situation vor, in der du diesen Zauber anwendest, und schreibe eine Geschichte dazu.

_____

_____

_____

_____ ...

4 Wenn du die Wahl hättest, zaubern zu können oder nicht, wofür würdest du dich entscheiden? Begründe deine Wahl.

_____

_____

_____

_____

Lektüre: Krabat © 2001 Oldenbourg Schulbuchverlag GmbH

Schwarze und weiße Magie

1 Beende die Sätze und entscheide jeweils, ob es sich um weiße oder schwarze Magie handelt. Der folgende Lexikonartikel kann dir bei der Unterscheidung helfen.

> **Magie** (griech.), Zauberhandlungen mittels Formeln oder Zeichen; beruhend auf dem geheimen Wissen von Eingeweihten. „Weiße Magie" gilt als nutzbringend, „Schwarze Magie" als schädigend.

a Juro lässt es schneien, damit_____

_____

     weiße Magie ☐   schwarze Magie ☐

b Lyschko zaubert Hundegebell, um _____

_____

     weiße Magie ☐   schwarze Magie ☐

c Pumphutt bringt die Mühle zum Stillstand, weil _____

_____

     weiße Magie ☐   schwarze Magie ☐

d Der Müller nimmt Krabat die Zauberkraft, um _____

_____

     weiße Magie ☐   schwarze Magie ☐

2 Juro sagt zu Krabat: „Es gibt eine Art von Zauberei, die man mühsam erlernen muss: Das ist die, wie sie im Koraktor steht, Zeichen für Zeichen und Formel um Formel. Und dann gibt es eine, die wächst einem aus der Tiefe des Herzens zu: aus der Sorge um jemanden, den man lieb hat." (☐ 242)
Kreuze an, was Juro damit meint. Mehrere Antworten sind möglich. Unter f kannst du deine eigene Deutung ergänzen.

☐   a Liebe gibt Kraft.

☐   b Wenn man sich liebt, kann man Probleme überwinden.

☐   c Wer liebt, kennt Zaubersprüche.

☐   d Wenn man Sorgen hat, kann man zaubern.

☐   e Liebe ist stärker als das Böse

☐   f _____

_____

  **B13 Magie 4**  11 · 12 · 17

Magie bedeutet Macht

1 Der Meister erzählt Krabat, wie er sich sein Leben als freier Mann in „Pracht und Herrlichkeit" vorstellt. Lies die entsprechende Textstelle (📖 244 f.) und erläutere, was ihn an dieser Lebensweise reizt.

_____

_____

_____

_____

_____

2 Was würde dir an so einer Lebensweise gefallen bzw. nicht gefallen?

Das würde mir gefallen: _____

_____

_____

_____

Das würde mir nicht gefallen: _____

_____

_____

_____

3 Stell dir vor, Krabat hätte das Angebot des Meisters angenommen, an seine Stelle zu treten. Was hätte das für ihn bedeutet? Schreibe die einzelnen Aspekte auf die Gewichte in den Waagschalen und entscheide anschließend, was schwerer „wiegt". Kreuze die entsprechende Seite an.

Krabat gewinnt: Krabat verliert:

 **B14** **Träume 1**  5

Die Gestaltung der Träume

1 Die Handlung wird immer wieder von Krabats Träumen unterbrochen. Sieh dir den Schluss von Krabats letztem Traum an (252, Z.1–11). Woran erkennt der Leser, dass Krabat träumt?

_____

_____

_____

_____

2 Ergänze folgende Lückentexte und die entsprechenden Überschriften mithilfe des Wortspeichers.

a _____

Wirkung: Das Geschehen wird _____ in die Nähe des Lesers gerückt. Der Leser

hat das Gefühl, _____ zu sein und den Traum mit Krabat zu erleben.

b _____

Wirkung: Die Träume werden aus dem normalen Erzählvorgang auch _____

hervorgehoben. Wie beim Einschlafen tritt der Leser durch das Schriftbild in die Welt der

Träume über.

c _____

Wirkung: Die Leser, die nicht auf die besondere formale Gestaltung der Träume geachtet haben,

werden _____ „aufgeweckt".

Wortspeicher:
Überschriften: Kursivdruck, Tempuswechsel ins Präsens, inhaltlicher Hinweis

Wirkung: durch den konkreten inhaltlichen Hinweis, am Ort des Geschehens, aus der Erzähldistanz, optisch als etwas Besonderes

---

3 Überprüfe die Angaben des Lückentextes anhand eines weiteren Traumes.

Traum	Kursivdruck	Tempuswechsel	inhaltlicher Hinweis
249 – 252	X	X	„Traum" (249), „Krabat erwachte" (252)

Traumdeutung

1 Suche dir einen Traum aus (📖 28 – 31/103 f./162 – 164/180 – 182/248 f./249 – 52) und schreibe eine Inhaltsangabe dazu.

2 Stell dir vor, du bist ein guter Freund Krabats und hast von ihm einen Brief erhalten, in dem er dir von diesem Traum erzählt (vgl. Aufgabe 1). Da er weiß, dass du ein Hobby-Traumdeuter bist, bittet er dich um eine Deutung seines Traums. Natürlich setzt du dich sofort an deinen Schreibtisch und antwortest ihm.

3 Kreuze an, welchen Aussagen zu Krabats Träumen du zustimmst. Begründe deine Zustimmung mit Textbelegen.

Textbeleg

☐ a Krabats Träume enthalten Botschaften. _____

☐ b In den Träumen wird deutlich, wie viel Macht _____

der Meister über Krabat hat. _____

☐ c Krabat kann immer bestimmen, wovon er _____

träumen möchte. _____

☐ d Krabat träumt von der Vergangenheit. _____

☐ e Krabat sieht in seinen Träumen zukünftige _____

Ereignisse. _____

☐ f Träume und Realität gehen ineinander über. _____

☐ g Krabat verarbeitet in den Träumen seine _____

Erlebnisse. _____

4 „Die Träume sind überflüssig. Man hätte sie besser weglassen sollen, dann wäre der Roman kürzer!"
Nimm zu dieser These Stellung. Überleg dir vorher, wie der Roman ohne Träume wirken würde (Weglassprobe).

_____

_____

_____

_____

_____

_____

_____

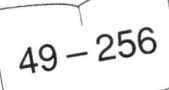 
Krabat und die Kantorka

1 Wie stellst du dir deine Traumpartnerin bzw. deinen Traumpartner vor? Welche Eigenschaften soll sie/er haben? Wie soll sie/er sich verhalten? Wie soll sie/er aussehen?

Eigenschaften: _____

_____

_____

Verhalten: _____

_____

_____

Aussehen: _____

_____

_____

2 Hättest Du Krabat gern als Freund bzw. die Kantorka als Freundin? Begründe deine Meinung.

_____

_____

_____

3 Krabat ist von der Kantorka „wie verzaubert" (📖 49). Beschreibe, was damit gemeint ist.

_____

_____

_____

4 „Die Liebesgeschichte zwischen Krabat und der Kantorka ist unrealistisch und kitschig!"
Nimm zu dieser Aussage Stellung.

_____

_____

_____ ...

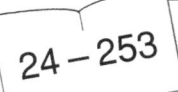

Ich bin Juro

1 Schreibe eine Rollenbiografie zu Krabats Freund Juro. Versetze dich dazu in ihn hinein und schreibe in der Ich-Form aus seiner Perspektive. Angaben, die du nicht im Roman findest, kannst du ergänzen. Folgende Fragen können dir helfen:

– Wie alt bist du?
– Wie bist du zu der Mühle gekommen und wie lange lebst du schon dort?
– Gibt es jemanden, der dich vermisst?
– Wie gefällt dir das Leben in der Mühle?
– Wie würdest du deinen Charakter beschreiben?
– Warum hilfst du Krabat?
– Warum stellst du dich dumm?
– Hättest du gerne eine Freundin?
– Was bedeutet es für dich, zaubern zu können?
– Hast du manchmal Angst, z. B. vor dem Meister oder vor dem Tod?

Ich bin Juro _____

_____

_____

_____

_____

_____

_____

_____

_____

_____

_____

_____

_____

_____

_____

_____ ...

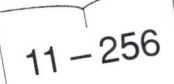

 **Erzähltechnik 4**  19 · 20

Der offene Schluss

1 Der Roman hat einen offenen Schluss. Kreuze die deiner Meinung nach zutreffenden Gründe dafür an.

☐ a Preußler ist nichts mehr eingefallen.

☐ b Das Schlussbild wirkt sehr friedlich und harmonisch. Eine brennende Mühle hätte diesen positiven Schlusseindruck zerstört.

☐ c Jeder Leser kann sich seine eigene Vorstellung davon machen, wie es Krabat ergehen wird und was aus den Gesellen und dem Gevatter wird.

☐ d Preußler hatte vor, noch einen Folgeband herauszubringen (Krabat II).

☐ e Preußler verzichtet hier – wie im gesamten Roman – bewusst auf die Ausgestaltung von Grausamkeiten. Er beschränkt sich auf Andeutungen.

2 Schreibe auf, wie dir der Schluss des Romans gefallen hat. Hätte die Erlösung Krabats durch die Kantorka ausführlicher gestaltet werden sollen? Gibt sich der Meister zu schnell geschlagen?

Der Schluss hat mir gefallen/nicht gefallen, weil … _____

_____

_____

_____

3 Schreibe den Roman weiter:
Als Krabat die erste Nacht in Sicherheit verbringt, träumt er zum letzten Mal einen Alptraum, in dem ihm der Meister Angst vor der Zukunft ohne Zauberei an der Seite der Kantorka machen will. Erzähle diesen Traum.

_____

_____

_____

_____

_____

_____

_____ …

11 – 256 **(B19) Wertung**  **A** 1

Buchempfehlung

1 Würdest du das Buch weiterempfehlen? Begründe deine Einschätzung.

Ich kann den Roman zum Lesen empfehlen/nicht empfehlen, weil ..._____

_____

_____ ...

2 Welche Themen werden in dem Roman angesprochen? Kreuze an.

	spielt eine wichtige Rolle	wird am Rande angesprochen	kommt nicht vor
a Leben zu Beginn des 18. Jh.	☐	☐	☐
b Straßenkinder	☐	☐	☐
c Krieg	☐	☐	☐
d Konflikt, erwachsen zu werden und Verantwortung zu übernehmen	☐	☐	☐
e erste Liebe	☐	☐	☐
f Kampf zwischen Gut und Böse	☐	☐	☐
g Generationskonflikt	☐	☐	☐
h Faszination der Macht	☐	☐	☐
i Bedeutung von Freundschaft, Liebe und gegenseitiger Hilfe	☐	☐	☐
j Magie/Dämonen	☐	☐	☐
k Traumdeutung	☐	☐	☐
l Eifersucht	☐	☐	☐
m Schuld/Sühne	☐	☐	☐
n Mord	☐	☐	☐

3 Ist „Krabat" heute noch aktuell?
Wenn ja, in welche vergleichbare Situation könnte ein Junge wie Krabat in der heutigen Zeit geraten? In welche „Mühle", zu welchem „Müller" könnte er kommen? Wenn nein, warum nicht?

_____

_____

4 Stellt anderen Klassen den Roman vor. Gestaltet dazu z. B. euer Klassenzimmer in die geheimnisvolle Mühle um, verkleidet euch und lasst eure Zuhörer durch Geräuschszenen und Standbilder in Verbindung mit vorgelesenen Textstellen die unheimliche Stimmung in dem Roman nachempfinden. Bezieht eure Arbeitsergebnisse (z. B. die Steckbriefe der Gesellen, die gemalten Bilder) in eure Buchvorstellung ein.

Arbeitsblatt/Station		bearbeitet am
A 1	Annäherung an den Text: Klappentext	
A 2	Krabat 1: Krabat wird Müllerbursche	
A 3	Die Gesellen 1: Steckbriefe	
A 4	Der Meister 1: Verhalten und Aussehen des Meisters	
A 5	Träume: Fluchtversuch	
A 6	Die Mühle 1: Der Tote Gang	
A 7	Freundschaft und Liebe 1: Krabat und Tonda	
A 8	Magie 1: Krabat wird Zauberlehrling	
A 9	Magie 2: Das Ritual der Geheimen Bruderschaft	
A 10	Freundschaft und Liebe 2: Krabat verliebt sich	
A 11	Magie 3: Das Doppelgesicht der Magie	
A 12	Der Meister 2: Der Meister ist besiegbar	
A 13	Die Gesellen 2: Die Neujahrsnacht	
A 14	Die Mühle 2: Der Jahresablauf in der Mühle	
A 15	Die Gesellen 3: Mertens Fluchtversuch	
A 16	Krabat 2: Krabat wird erwachsen	
A 17	Der Meister 3: Die Wahrheit	
A 18	Freundschaft und Liebe 3: Juro und die Kantorka helfen Krabat	
A 19	Krabat 3: Krabat wird auf die Probe gestellt	
A 20	Krabat 4: Die Entscheidung	
B 1	Szenische Interpretation 1: Standbilder bauen	
B 2	Szenische Interpretation 2: Dramatisierung einer Textstelle	
B 3	Szenische Interpretation 3: Rollengespräche	
B 4	Charakterisieren: Wer ist Krabat?	
B 5	Erzähltechnik 1: Erzählform/Aufbau	
B 6	Erzähltechnik 2: Gibt es die Mühle im Koselbruch?	
B 7	Erzähltechnik 3: Wirklichkeit und Fantasie	
B 8	Spannend erzählen 1: Weglassprobe	
B 9	Spannend erzählen 2: Was einen Text spannend macht	
B 10	Magie 1: Magische Zahlen	
B 11	Magie 2: Der Reiz der Magie	
B 12	Magie 3: Schwarze und weiße Magie	
B 13	Magie 4: Magie bedeutet Macht	
B 14	Träume 1: Die Gestaltung der Träume	
B 15	Träume 2: Traumdeutung	
B 16	Freundschaft und Liebe 1: Krabat und die Kantorka	
B 17	Freundschaft und Liebe 2: Ich bin Juro	
B 18	Erzähltechnik 4: Der offene Schluss	
B 19	Wertung: Buchempfehlung	

 Lektüre: Krabat © 2001 Oldenbourg Schulbuchverlag GmbH

1 individuelle Antwort (z. B. Krächzen, Krähe, Zauberspruch)

2 zwölf schwarze Vögel (Raben), Mühle, Mond, große Wolke, Fluss

3 Hauptfigur: Krabat, vierzehnjähriger Waisenjunge, wird Lehrling in der Mühle
Ort: Koselbruch, Mühle am Schwarzen Wasser
Stimmung: nicht geheuer, Warnungen, geheimnisvoll

4 mögliche Fragen:
– Warum ist es in der Mühle nicht geheuer?
– Wer hat Krabat gewarnt?
– Was wird Krabat in der Mühle erleben?

5 individuelle Lösung;
die unheimliche Stimmung sollte spürbar vorhanden sein

6 a, c

7 individuelle Antwort

1 mögliche Antworten:
– Mein Name ist Krabat und ich bin vierzehn Jahre alt. (📖 1)
– Meine Eltern lebten in Eutrich, aber sie sind im letzten Jahr an den Pocken gestorben. (📖 27)
– Nein. Die Pfarrersleute haben mich zwar aufgenommen, aber dort wollte ich nicht bleiben. (📖 27)
– Ich habe mit anderen Jungen gebettelt. (📖 11f. · 📖 27)

2 individuelle Lösung, aber Tagebuchform beachten (Datumangabe, Ich-Form, Gedanken und Gefühle äußern)

3 individuelle Lösung;
nicht in Frage kommen: albern, verliebt, hinterhältig

1 und **2** (in alphabetischer Reihenfolge)
– Andrusch: pockennarbiger Spaßvogel (📖 24)
– Hanzo: wird Bulle genannt, Stiernacken, kurzgeschorene Haare (📖 24)
– Juro: stämmiger Bursche mit kurzen Beinen und flachem, von Sommersprossen gesprenkeltem Mondgesicht, neben Tonda am längsten im Dienst, geduldig, „dumm", erledigt die Hausarbeit, Meister behandelt ihn wie den letzten Dreck, Gesellen (außer Tonda) verspotten ihn (📖 24f.)
– Kito: läuft immer mit einer Miene herum, „als liege ihm ein Pfund Schusternägel im Magen" (📖 24)
– Kubo: der Schweigsame (📖 24)
– Lyschko: zaundürrer, langer Bursche mit spitzer Nase und scheelem Blick, Schnüffler, der lauscht und allen hinterherschleicht (📖 23)
– Merten: bärenstark, gutmütig, Vetter von Michal (📖 24)
– Michal: bärenstark, gutmütig, Vetter von Merten (📖 24)
– Petar: vertreibt sich die freie Zeit mit Löffelschnitzen (📖 24)
– Staschko: Tausendsassa, flink wie ein Wiesel, geschickt wie ein kleiner Affe (📖 24)
– Tonda: Altgesell, stattlicher Bursche mit dichtem, eisgrauem Haar, dem Gesicht nach noch keine 30, seine Augen wirken sehr ernst, er ist gelassen, besitzt eine freundliche Art, hilft Krabat, verspottet Juro nicht, neben Juro am längsten im Dienst (📖 18 · 20f. · 23–25)

3 individuelle Bilder

4 individuelle Bewertung (wobei viele Gesellen einen Mittelwert erhalten werden, da man sie noch nicht genau einschätzen kann)

1 Der Meister redet wenig und spricht meistens in Befehlsform, z. B. „Mitkommen!" (📖 20, Z. 6), „Auslegen!" (📖 20, Z.15).
Er wirkt stets unfreundlich. Als die Gesellen beim Frühstück sitzen, stürmt er herein, fährt sie mit barscher Stimme an und knallt die Tür hinter sich zu (📖 19, Z. 21–29). Er scheint also auch nicht mit den Gesellen zusammen in der Gesindestube zu essen.
Der Meister hetzt Krabat „unbarmherzig zur Arbeit" (📖 22, Z.2) und behandelt Juro, „als ob er der letzte Dreck sei" (📖 25, Z. 5f.).
Der Meister arbeitet tagsüber nie mit. Er krümmt keinen Finger. Allerdings sieht Krabat ihn in der Neumondnacht hart arbeiten (📖 26, Z. 26–29).

2 Die Gesellen haben Angst vor dem Meister und befolgen seine Anweisungen (📖 19 Z. 22 · 📖 23, Z. 15 · 📖 33, Z. 10).

3 „massiger, dunkel gekleideter Mann, sehr bleich im Gesicht, wie mit Kalk bestrichen; ein schwarzes Pflaster bedeckte sein linkes Auge" (📖 15, Z.10–12)
„Mann mit der Augenklappe" (📖 15, Z. 25f.)
spricht mit „heiserer Stimme Wendisch" (📖 15, Z. 22)

4 individuelle Lösung

1 individuelle Antwort; Schwerpunkt: Traum mit schrecklichen Erlebnissen/unangenehmem Gefühl

2 Krabat durchlebt in seinem Traum unangenehme Gefühle wie Angst und Verzweiflung. Das ausweglose Umherirren, gruselige Figuren (hier: die einäugigen Tiere) und eine vermeintlich leichte Aufgabe, die nicht bewältigt werden kann, sind typische Alptraumthemen. Darüber hinaus sieht Krabat Tondas Tod voraus.

3 schwarzer struppiger Kater, feister Karpfen, fetter Rabe, Natter, Fuchs, alter Uhu

4 Alle Tiere sind einäugig; ihnen fehlt das linke Auge. Alle Tiere beobachten Krabat und schauen ihn dabei direkt an.

5 Krabat soll abschreckend verdeutlicht werden, welche Macht der Meister besitzt. Er ist überall (in Gestalt der Tiere), beobachtet Krabat ständig und man kann ihm nicht entkommen. Der Traum enthält auch Vorausdeutungen: Tondas Tod (negativ), Juro als Freund und Helfer bei einer möglichen Flucht (positiv).

6 individuelle Gestaltung

---

1 mögliche Antworten: Ruhender Gang, Stiller Gang, Ersatzgang

2 d

3 individuelle Gestaltung

4 Teufel
– Er kommt in Neumondnächten (📖 37, Z. 31).
Vermutung: So verhält sich kein normaler Kunde, unheimliches Vorgehen.
– Er trägt eine rote Feder, die wie eine Flamme lodert und den ganzen Vorplatz rot erhellt (📖 36, Z.5–18).
Assoziation/gedankliche Verbindung: Feuer, Hölle
– Kutsche, Rösser und seine Kleidung sind nachtschwarz (📖 36, Z.11–14).
Geschöpf der Nacht, des Dunkels
– Selbst der Meister arbeitet für ihn (📖 36, Z. 26–29). Es muss sich also um jemanden handeln, der mächtiger als der Meister ist.
– Er bringt schwere Säcke, deren Inhalt im Toten Gang gemahlen wird (📖 36, Z.19– 37, Z. 20).
Werden hier Leichen gemahlen?
– Niemand spricht (📖 36, Z. 22f.).
Assoziation: ehrfürchtige Atmosphäre, nicht „normal"
– Sein Planwagen hinterlässt keine Spur im Gras (📖 37, Z. 25).
Planwagen schwebt, Zauberei

---

1 individuelle Lösung;
mögliche Aspekte: Tonda hilft Krabat, beschützt ihn, muntert ihn auf, ist immer freundlich zu ihm, warnt ihn vor Gefahren, erzählt Krabat seine Geheimnisse

2 Ist der Besitzer des Messers in ernster Gefahr, verfärbt sich die Klinge beim Aufklappen schwarz (📖 84, Z. 23–27).

3 – Tonda deutet an, dass er Krabat bald verlassen wird, und schenkt ihm ein Andenken (📖 84).
– Die Stimmung der Gesellen ist gereizt (📖 85–87) und sie wollen keinen Weihnachtsschmuck (📖 86).
– Tonda wirkt trauriger als sonst (📖 86).
– Alle Gesellen haben Angst (📖 87).
– Die Bodentür ist verriegelt (📖 88).
– Alle hören einen Schrei, aber niemand eilt zu Hilfe (📖 88f.).
– Der Meister kommt nicht zur Beerdigung (📖 90).
– Das Grab ist schon vorbereitet. Da die Wände mit Raureif bedeckt sind und der Aushub zugeschneit ist, muss es schon vor Tondas Tod gegraben worden sein (📖 90).

---

1 Zaubern, die Kunst der Künste (📖 41)

2 Thema: Die Kunst, einen Brunnen zum Versiegen zu bringen
Zeit: Freitag, nach dem Abendessen
Verlauf: linke / Husch, auf die Stange! / Raben / Koraktor / wiegt / Zauberspruch / dreimal / wiederholen / Menschen (Müllerburschen, Gesellen)

3 individuelle Lösung;
Tipp: geheimnisvolle Wortneuschöpfungen, eklige Zutaten, einprägsame Beschwörungsformeln, magische Zahlen und einige Reimwörter verwenden

4 d, e

1 Feier der Auferstehung Christi, ältestes und höchstes christliches Fest (jeweils am Sonntag nach dem ersten Frühlingsvollmond); Erlösung vom Bösen, Überschreiten vom Tod zum Leben, Neuanfang (Neuweihe des Weih- und Taufwassers in der Osternacht); einige Osterbräuche sind Überbleibsel vorchristlicher Frühlingsriten (z. B. Osterfeuer, Osterwasser)

2 a Die Gesellen bilden einen Kreis. Der Meister zählt mit fremden, bedrohlichen Worten zunächst von rechts nach links, dann von links nach rechts aus (📖 45).
b Die Paare müssen die Osternacht an einer Stelle verbringen, wo jemand gewaltsam zu Tode gekommen ist (📖 47).
c Bei Anbruch des Tages zeichnen sie sich gegenseitig in einem Zug aus zwei angekohlten Holzspänen aus dem Kreuz einen Drudenfuß auf die Stirn. Dabei sprechen sie folgende Worte:

> „Ich zeichne dich, Bruder,
> Mit Kohle vom Holzkreuz,
> Ich zeichne dich
> Mit dem Mal der Geheimen
> Bruderschaft." (📖 50f.)

d „Ich beuge mich unter das Joch der Geheimen Bruderschaft." (📖 53)
e Im Hausflur versetzt der Meister ihnen zunächst mit den Worten „Gedenke, dass du ein Schüler bist!" eine Ohrfeige auf die rechte Wange, dann mit den Worten „Gedenke, dass ich der Meister bin!" eine Ohrfeige auf die linke Wange. (📖 53)
f „Ich werde dir, Meister, in allen Dingen gehorsam sein, jetzt und immerdar." (📖 53)
g Sie müssen ohne Zauberkraft so lange arbeiten, bis sie mit ihrem Schweiß das Mal „abgeschwitzt" haben. Danach findet eine Feier statt. (📖 54)

3 z. B.

4 Krabat ist dem Meister nun „mit Leib und Seele, auf Tod und Leben, mit Haut und Haar" (📖 53) ausgeliefert und verfallen. Im Gegensatz zu der christlichen Lehre wird er nicht vom Bösen erlöst, sondern verschreibt sich dem Bösen.
Zwischen Morgen und Abend fällt ihm die Arbeit von diesem Moment an leicht (📖 56f.).
Er muss nun in den Neumondnächten mitarbeiten (📖 58–60).

---

1 WENDISCH
2 FREITAG
3 LYSCHKO
4 KANTORKA
5 JURO
6 EUTRICH
7 VIERZEHN
8 SCHWARZES WASSER
9 WINTER
10 ANGST
11 KORAKTOR
12 DRUDENFUSS
13 NEUMONDNACHT
14 PILZE
15 REGENTONNE
16 OSTERWASSER

Lösungswort: SCHWARZKOLLM

1 a, e

2 mögliche Antwort:
Er möchte die Kantorka vergessen, weil er an den Tod von Tondas Freundin Worschula denken muss und die Kantorka nicht in Gefahr bringen will (📖 57 · 119).
Darüber hinaus hat er bisher auch noch keine Erfahrung mit Mädchen gemacht (📖 50).
Es gelingt ihm nicht, die Kantorka zu vergessen, weil er sich in sie verliebt hat (vgl. 3). Er ist von ihrer schönen und reinen Stimme fasziniert und denkt (vielleicht wehmütig) an „daheim" (📖 49, Z.14).

3 – Er freut sich darauf, die Kantorka singen zu hören (📖 119, Z.10f.).
– Er hat Angst, dass ein anderes Mädchen singen könnte (📖 119, Z.13f.).
– Er kann sich die Stimme der Kantorka nicht mehr vorstellen und empfindet deswegen einen Schmerz „als sei er an einer Stelle getroffen worden, von der er bislang nicht gewusst hatte, dass es sie gab" (📖 119, Z. 20–22).
– Um über den Schmerz hinwegzukommen, redet er sich ein, dass eine Beziehung mit der Kantorka nur böse enden könnte und ihm letztendlich noch mehr Schmerzen verursachen würde (📖 119, Z. 25–30).
– Als er ihre Stimme hört, will er sie unbedingt sehen (📖 121, Z. 7f.) und geht sogar das Risiko ein, aus sich hinauszugehen (📖 121, Z. 8–21).
– Er kann sich nicht mehr von ihrem Anblick trennen, obwohl er dadurch sein Leben verspielt (📖 123, Z.11–14).
– Krabat würde die Kantorka gerne ansprechen (📖 124, Z. 8–11).
– Krabat ist nicht mehr er selbst. Er ist mit seinen Gedanken vermutlich bei der Kantorka und verrichtet die Arbeit wie in Trance: „Alles […] war Sache des einen Krabat, […] den anderen […] ließ das gleichgültig, der war fremd hier, er hatte mit alledem nichts zu schaffen, verstand es nicht" (📖 126, Z. 4–9).

4 helles Haar / schmal / hoher Wuchs / stolze Art zu gehen und den Kopf zu halten / junges, schönes Gesicht, von Stirnband und Häubchen streng umrahmt / große und sanfte Augen / helle Augen, von Wimpernkranz umgeben

1 a erleichtert die körperliche Arbeit
b hat ihren Preis
c erfüllt Wünsche
d ersetzt nicht die Realität
e macht Spaß
f /
g überwindet körperliche Grenzen
h ist gefährlich
i ist ein Mittel, das einem selbst über Fürsten und Könige Macht verleiht
j kann Menschen manipulieren und sie dazu bringen, schlimme Dinge zu tun

1 (a), b, c, d
2 Der Meister hat ihn umgebracht (📖 150, Z.17; 19).
3 individuelle Gestaltung
4 Der Meister bestraft die Gesellen, „weil sie bei seiner Niederlage zugegen gewesen waren" (📖 157, Z.17f.).
„Sie waren dabei gewesen, als Pumphutt den Meister im Zauberkampf überwunden hatte; sie konnten sich ausrechnen, dass ihnen schlechte Zeiten bevorstanden." (📖 156, Z. 5–7)
5 Der Meister lässt die Gesellen nachts arbeiten, weil sie zu dieser Zeit keine Zauberkräfte besitzen. Sie müssen „schuften, beschimpft und verhöhnt und herumgehetzt bis zum Morgengrauen des neuen Tages" (📖 156, Z. 30f.). Nur in den Nächten von Freitag auf Samstag findet wie gewohnt der Unterricht in der Schwarzen Schule statt, dem jedoch niemand richtig folgen kann (📖 157).
Die Strafe geht „wochenlang bis zur ersten Neumondnacht im September" (📖 157, Z.19f.).
6 Als Witko bei der Arbeit in der Neumondnacht zusammenbricht und Michal ihm hilft, geht der Meister mit seiner Peitsche dazwischen. „Der mit der Hahnenfeder" stößt den Meister vom Wagen, nimmt ihm die Peitsche weg, spricht zum ersten und einzigen Mal: („Lass das bleiben!" 📖 158, Z. 8)) und befiehlt dem Meister, an Witkos Stelle, den Michal auf Anweisung des Gevatters zu Bett gebracht hat, zu arbeiten.

1 a Michal

b – Michal hilft dem neuen Lehrjungen und kritisiert den Meister auf dessen Nachfrage vor den anderen Gesellen: „Die Arbeit, die du ihm zumutest, ist zu schwer für ihn." (107, Z.107 · Z. 4f.). Dafür bestraft der Meister ihn.

– Auch in der Neumondnacht hilft Michal Witko und sagt dem Meister offen seine Meinung. „Der mit der Hahnenfeder" gibt ihm indirekt Recht: Der Meister muss an Witkos Stelle arbeiten und fühlt sich vor allen Gesellen gedemütigt (📖 158).

2 individuelle Lösung; Tagebuchform beachten (Datumsangabe, Ich-Form, Gedanken und Gefühle äußern)

3 – Eine zeitgleiche Wiederholung der Ereignisse (erneuter Todesfall in der Silvesternacht unter vergleichbaren Umständen) ist äußerst unwahrscheinlich.

– Michal schaufelt das Grab, in dem er später beerdigt wird.

– Die Gesellen können in der Neujahrsnacht nicht wach bleiben (📖 164, Z. 20f.).

– Die Tür zur Schlafkammer ist vermutlich wie im Jahr zuvor verschlossen. Das kann man indirekt aus dem Verhalten der Gesellen deuten, die den Raum nicht verlassen.

– Der Meister verhält sich merkwürdig. Er bleibt vom Silvestermorgen bis zum Vorabend des Dreikönigstages verschwunden (📖 169, Z.18f.).

– Krabats Alptraum (📖 162–164) deutet auf einen erneuten Todesfall hin, der vorher bereits feststeht (Sarg ist schon gezimmert).

Lektüre: Krabat © 2001 Oldenbourg Schulbuchverlag GmbH

Quiz 2 Seite **20**

1 Man zeichnet um die Stelle, an der man rastet, einen Kreis und versieht diesen mit drei Kreuzen und einem Drudenfuß (📖 139, Z. 23–25).

2 Augustus = Kurfürst von Sachsen (2. Reihe senkrecht, 3.–10. Buchstabe)
Hanzo = neuer Altgesell (7. Reihe waagrecht, 6.–10. Buchstabe)
Jirko = Freund des Meisters aus der Jugendzeit, den er umgebracht hat (4. Reihe senkrecht, 2.–6. Buchstabe)
Witko = neuer Lehrjunge (9. Reihe waagrecht, 4.–8. Buchstabe)
Pumphutt = „guter" Zauberer, freier Müllerbursche (6. Reihe senkrecht, 3.–10. Buchstabe)

1 erstes Jahr
1. Januar (Neujahr)

zweites Jahr
Am Neujahrsmorgen ist Tonda tot. Die Mühle steht ein paar Tage still. Der Meister bleibt bis zum Vorabend des Dreikönigstages verschwunden. In der Nacht müssen die Gesellen wieder arbeiten.

Krabat wird neuer Lehrjunge. Er zieht die Kleider an, die auf seinem Bett liegen.
6. Januar (Heilige Drei Könige)
Die Gesellen überraschen Krabat um Mitternacht.

Witko wird neuer Lehrjunge.
Er zieht Tondas Kleider an.

Die Gesellen überraschen Witko um Mitternacht. Krabat wird am Abend freigesprochen.

Karfreitag
Krabat wird in die Schwarze Schule aufgenommen.
Karsamstag
Karsamstag ist ein freier Tag. Es gibt fettes Essen und alle versuchen, viel zu schlafen. Bei Anbruch der Osternacht holen die Gesellen das Mal.

Witko wird in die Schwarze Schule aufgenommen.

ebenso im zweiten Jahr

Ostersonntag
Alle gehen unter dem Joch her und erneuern ihr Gelöbnis. Danach wird gearbeitet, bis das Mal abgeschwitzt ist. Anschließend findet eine Feier statt.
Ostermontag
normaler Arbeitstag
Seit Ostern arbeitet Krabat in den Neumondnächten mit.
31. Dezember (Silvester)
Am Silvesterabend gehen die Gesellen früher als sonst ins Bett.
In der Nacht stirbt Tonda.
immer freitags
Freitags ist etwas früher Feierabend, da nach dem Abendessen der Unterricht in der Schwarzen Schule stattfindet. Samstags beginnt die Arbeit dafür zwei Stunden später.

ebenso im zweiten Jahr

Seit Ostern arbeitet Witko in den Neumondnächten mit.

In der Nacht stirbt Michal.

in den Neumondnächten
In jeder Neumondnacht kommt „der mit der Hahnenfeder" und die Gesellen müssen den Inhalt der Säcke, die er bringt, im Toten Gang mahlen.

2 Das dritte Jahr wird wie die beiden vorhergehenden Jahre verlaufen: Am Dreikönigstag wird ein neuer Lehrjunge auf die Mühle kommen, der die Kleider von Michal anzieht. Am Abend wird Witko freigesprochen. Karfreitag wird der neue Lehrjunge in die Schwarze Schule aufgenommen. Bei Anbruch der Osternacht gehen alle das „Mal holen" usw. In der Silvesternacht wird ein Geselle sterben.

1 a, c

2 Zweiter Fluchtversuch:
Merten läuft tagsüber weg und kommt am Morgen des dritten Tages wieder, „das war länger, als je ein Ausreißer es geschafft hatte" (186, Z.1f.).
Reaktion des Meisters:
Der Meister spart sich diesmal den Spott und sagt zu Merten: „Zweimal, finde ich, sollte genug sein, Merten. Es gibt keinen Weg für dich, der hier wegführt – mir kommst du nicht aus!" (186, Z. 18–20)
Dritter Fluchtversuch:
Merten versucht, sich in der Scheune zu erhängen. Er wählt „den dritten und, wie er meinte, den endgültig letzten Weg" (186, Z. 21f.).
Reaktion des Meisters:
Der Meister schneidet Merten ab, nennt ihn „Stümper", spuckt verächtlich vor Merten aus und sagt: „Wer auf der Mühle stirbt, das bestimme ich! […] Ich allein!" (188, Z. 5f.).

3 individuelle Lösung;
mögliche Gesichtspunkte: Entsetzen über Auswegslosigkeit, Mitleid mit Merten, Zorn auf den Meister

1 18 oder 19 Jahre
Begründung: Der Leser erfährt nicht, wann Krabat geboren ist. Allerdings wird erwähnt, dass er zwischen Neujahr und dem Dreikönigstag, bevor er seine Lehrzeit beginnt, vierzehn Jahre alt ist (11).
Im ersten Jahr auf der Mühle altert Krabat um drei Jahre (101 f.). Anfang des zweiten Jahres ist er also 17 Jahre alt. Anfang des dritten Jahres müsste er noch 18 sein, aber im selben Jahr noch 19 werden. Krabat sagt zu Lobosch (einem Jungen „von vierzehn Jahren etwa", 170, Z.11), als dieser am Dreikönigstag zu der Mühle kommt, er sei fünf Jahre älter (171, Z. 29).

2 Krabat unterstützt den neuen Lehrjungen Lobosch, so wie Tonda ihm damals geholfen hat. Er hilft ihm in der Mehlkammer (172f.), flößt ihm Kraft bei der Arbeit ein (177, Z. 27f.), beschützt ihn und berichtet ihm von seinen Freunden Tonda und Michal (198). Krabat versucht, auch Merten zu helfen (176f.), allerdings vergeblich.
Den anderen Gesellen gegenüber ist Krabat immer nett und freundlich, nur Lyschko gegenüber verhält er sich vorsichtig distanziert.

3 individuelle Lösung (allerdings mit Werten zwischen 1 und 2 bei a, b, c, d, g, h)

4 individuelle Lösung

1 Der Meister „hat einen Pakt mit dem ... nun, mit dem Herrn Gevatter. Alljährlich muss er ihm einen von seinen Schülern zum Opfer bringen, sonst ist er selber dran" (213, Z. 6–8).

2 Jirko, Worschula, Tonda, Janko, dessen Mädchen, Michal

3 Ein Mädchen, das einen der Müllerburschen liebt, muss ihn am Silvesterabend beim Meister freibitten und die Probe bestehen, ihren Freund unter den Mitgesellen herauszufinden. Besteht sie die Probe, muss der Meister in der Neujahrsnacht sterben. Besteht sie die Probe nicht, stirbt sie gemeinsam mit ihrem Freund (218f.).

4 – Die meisten Gesellen kennen diesen Weg nicht.
– Die anderen hoffen, dass sie verschont werden (Chance 1:12).
– Besteht ein Mädchen die Probe, verlieren alle Gesellen ihre Zauberkraft. Darauf möchten viele nicht verzichten.
– Die Probe erfordert Mut, den z. B. Juro bisher nicht aufbringen konnte.
– Man muss ein Mädchen kennen, das einen liebt. Auch dies ist z. B. bei Juro nicht der Fall.

1 Ja, weil Juro alle positiven Eigenschaften besitzt, die man sich von einem Freund wünscht. Er ist z. B. hilfsbereit, verschwiegen, kann gut zuhören, ist immer für Krabat da und Krabat kann sogar etwas von ihm lernen.
2 Beispiele für Juros Hilfe:
– Juro gibt Krabat eine Wurzel gegen seine Träume (208).
– Juro übt mit Krabat, dessen Willen zu stärken (z. B. 221).
– Juro erinnert Krabat an das magische Zeichen (den Kreis), damit er heimlich mit der Kantorka reden kann (234).
– Juro bringt der Kantorka den Ring (253).
3 Der Ring verleiht Krabat zusätzliche Kraft, als ob seine „Kraft sich auf einmal verdoppelt hätte" (242, Z.1f.).
4 Nein. Durch eine bestandene Probe befreit Krabat auch Juro und die anderen Gesellen. Er braucht die Kantorka für diese Probe, handelt ihr gegenüber aber durchaus verantwortungsbewusst und lässt sie frei entscheiden, ob sie sich dieser Gefahr aussetzen möchte.
– Krabat sagt zu Juro: „[...] und wenn ich schon sterben muss, will ich wenigstens nicht daran schuld sein, dass auch das Mädchen umkommt" (222, Z.15f.).
– Krabat hat ständig Zweifel: „War sein Leben es wert, das ihre aufs Spiel zu setzen?" (235, Z.1f.).
– Krabat hat nicht nur um sich allein Angst (243, Z.19f.).
– Krabat weist Juro darauf hin, die Kantorka nicht zu überreden und noch einmal darauf hinzuweisen, „dass es ihr freisteht, ob sie den Gang in den Koselbruch antreten will" (253, Z. 6f.).
– Krabat hat Angst um die Kantorka (255 f.).

a Krabat verleugnet die Kantorka: „Ich weiß nicht, wovon du redest." (⬜ 207, Z. 9)

b Krabat wirft seine Jacke über den Kopf der Kantorka und zieht sie in den Schutz der Bäume.

c Krabat weist diesen Vorwurf mit fester Stimme von sich.

d Krabat warnt die Kantorka, das Haus nicht zu verlassen, geht nach Schwarzkollm und spielt dem Meister vor, sich gut zu amüsieren.

e Krabat sagt dem Meister ehrlich, dass ihn dies überrascht.

f Krabat nimmt das Angebot an, um keinen Verdacht zu erwecken, und täuscht den Meister bei seinen Ausflügen.

g Krabat bringt Juro im Traum nicht um.

h Krabat kann mit der Kantorka im Zauberkreis sprechen. Beide spielen dem Meister vor, sich nicht zu kennen.

j Krabat lehnt ab.

j Krabat antwortet, dass dann ein anderer Geselle sterben muss und dass er sich nicht an dessen Tod schuldig machen will.

k Krabat antwortet, dass sich noch herausstellen wird, wer sterben muss.

l Krabat zeigt sich unbeeindruckt.

m Krabat steht diese Träume durch und besiegt den Meister im letzten Traum.

1 Dieser Traum wird von Krabat als gutes Omen bewertet. Es gelingt ihm, den Meister durch List und Zaubertechnik zu besiegen. Das bedeutet, dass er dem Meister mittlerweile überlegen ist und dass der Meister von ihm besiegt werden kann. Der Traum ist somit eine Vorausdeutung auf ein positives Ende des Romans.

2 Krabat will seinen Willen stärken, sodass er sich bei der Probe gegen den Willen des Meisters der Kantorka durch ein Zeichen zu erkennen geben kann.

3 Er wandelt die Probe ab. Die Gesellen werden nicht in Raben verwandelt, sondern müssen sich in einer Reihe aufstellen. Die Kantorka muss Krabat mit verbundenen Augen erkennen. Der Meister warnt Krabat: „Beim ersten Laut, den ich von dir höre, stirbt sie!" (⬜ 254, Z. 22f.)

4 „Ich habe gespürt, dass du Angst hattest", sagte sie, „Angst um mich: Daran habe ich dich erkannt." (⬜ 256, Z. 6f.)

5 Beide gemeinsam. Durch die Kraft ihrer Liebe können sie den Meister und somit das Böse überwinden. Die Kantorka kann sich der Probe stellen, weil sie Krabat liebt, und sie besteht diese Probe, weil sie Krabats Angst um sie, also seine Liebe, spürt.

Quiz 3 Seite **27**

einige Unterschiede zum Sagenstoff:
In Preußlers Roman
– sind Krabats Eltern tot,
– bettelt Krabat mit zwei anderen „Dreikönigen",
– ruft der Meister Krabat im Traum zur Mühle,
– wählt der Meister einen Gesellen aus, der sterben muss,
– wird nicht gesagt, dass der tote Geselle seine Seele dem Teufel überlassen muss,
– entdeckt Krabat das Geheimnis der Mühle/des Meisters viel später,
– rettet die Kantorka Krabat,
– vereitelt der Meister Krabats List, indem er die Gesellen nicht in Raben verwandelt, sondern der Kantorka die Augen verbindet,
– verabschiedet Merten sich von Krabat,
– stiehlt Krabat kein Zauberbuch, sondern verzichtet von diesem Zeitpunkt an bewusst auf die Magie,
– endet die Geschichte an dieser Stelle.

 B1 **Szenische Interpretation 1** Seite **28**

individuelle Ausgestaltung

B2 **Szenische Interpretation 2** Seite **29**

individuelle Ausgestaltung

Tipp: Ihr könnt euch leichter in eine Rolle hineinversetzen, wenn ihr euer Aussehen so verändert, dass es eurer Vorstellung von der Figur ähnelt. Dafür reichen oftmals schon kleine Veränderungen (ein besonderes Kleidungsstück, z. B. eine Weste; eine anders gekämmte Frisur; das Auftragen von Schminke).

1 individuelle Ausgestaltung; achtet als Interviewer darauf, die Fragen so zu formulieren, dass sie nicht nur mit „ja" oder „nein" beantwortet werden können. Die Interviewpartner sollten sich bemühen, möglichst ausführlich zu antworten. Mögliche Fragen an die Kantorka (vor der Befreiung Krabats):
Wie alt bist du? Wo lebst du? Welchen Beruf übst du aus? Hast du viele Freunde? Welche Schwächen und Stärken hast du? Wie hast du dich gefühlt, als du Krabat zum ersten Mal begegnet bist? Warum hast du Krabat den Drudenfuß von der Stirn gewischt? Was fühlst du, wenn du an Krabat

denkst? Was gefällt dir besonders gut an ihm? Fürchtest du dich vor dem Meister?

2 mögliche Fragen an den Meister:
– Warum habe Sie gerade Krabat auf die Mühle geholt?
– Warum waren Sie zu den Gesellen immer so unfreundlich?
– Nach welchen Gesichtspunkten haben sie die Gesellen ausgewählt, die in der Silvesternacht sterben mussten?
– Warum haben Sie dem Morden kein Ende bereitet?
– Haben Sie persönlich die Gesellen umgebracht?
– Haben Sie Schuldgefühle? Denken Sie mitunter an die Menschen, die sie auf dem Gewissen haben?
– Wie war Ihr Verhältnis zu Krabat?
– Hatten Sie keine Skrupel, ihn als Nachfolger in eine ähnliche Situation zu bringen?

3 individuelle Ausgestaltung

---

1 a äußere Merkmale:
   Alter (als Krabat in die Mühle kommt: 14, am Ende des Romans vermutlich 19)
b typische Verhaltensweisen:
   Kleidungsgewohnheiten (als Jugendlicher): geht gerne barfuß, trägt ungern weiße Hemden, ist oft ungekämmt und nicht ganz sauber (▢27); Krabat ist neugierig, wissbegierig und beobachtet seine Umgebung genau; er lernt eifrig in der Schwarzen Schule
c Tatsachen aus der Lebensgeschichte:
   Krabat ist ein Sorbe; stammt aus armen Verhältnissen; Eltern sind an Pocken gestorben, als Krabat 13 Jahre alt war (Er sehnt sich wahrscheinlich nach einer Familie und nach Geborgenheit.) (▢27); läuft von seiner Pflegefamilie, den Pfarrersleuten, weg (Er ordnet sich nicht gern unter und möchte sein Leben nach seinen Vorstellungen gestalten. Er denkt nicht an mögliche Konsequenzen.); lebt als Bettler auf der Straße (Er ist selbstständig, kann sich alleine behaupten, muss wie ein Erwachsener seinen Lebensunterhalt bestreiten.); geht nicht zur Schule
d soziale Beziehungen:
   Krabat arbeitet als Müllerbursche; ist in die Gruppe der Gesellen integriert; hat auch als Betteljunge mit zwei anderen Jungen gemeinsam gelebt (Er findet problemlos Anschluss und ist kein Einzelgänger.); die Kantorka ist Krabats erste Liebe
e Denken und Sprechen:
   Er hilft seinen Freunden (tauscht z. B. mit Juro die Rollen beim Hengstverkauf); sagt dem Meister offen die Meinung; verhält sich ehrlich und anständig (will seine Freunde rächen, lässt sich nicht von dem Angebot des Meisters beeindrucken); ist selbstkritisch und anderen

Menschen gegenüber besorgt; reflektiert sein Verhalten; zeigt seine Gefühle und redet offen mit seinen Freunden darüber
f Verhalten anderer Figuren gegenüber Krabat:
   Tonda, Michal und Juro beschützen Krabat; die anderen Gesellen (Ausnahme Lyschko) mögen Krabat und vertrauen ihm; die Kantorka vertraut Krabat; der Meister bevorzugt Krabat und versucht, ihn zu seinem Nachfolger zu machen (Krabat ist eine starke Persönlichkeit, die ihm gefährlich werden kann.)

2 individuelle Lösung; Tipp: Fange mit der Beschreibung des Äußeren an, dann fällt dir der Beginn leichter, z. B. „Krabat ist zu Beginn des Buchs ein wendischer Junge von 14 Jahren, der..."
Überprüfe, ob es dir gelungen ist,
– durchgehend im Präsens zu schreiben,
– Krabat zutreffend unter Verwendung von Textbelegen zu charakterisieren,
– deinen Aufsatz sinnvoll zu gliedern und nicht zwischen den einzelnen Bereichen zu springen,
– eine sachliche Ausdrucksweise zu verwenden,
– am Schluss deine Ergebnisse zusammenzufassen und deinen Haupteindruck von Krabat zu formulieren.

3 individuelle Lösung
hier ein Auszug aus dem Bertelsmann Schülerlexikon:
Sorben (Wenden, Eigen-Bez. Serbja), westslaw. Volk in der Lausitz und im Spreewald (Sachsen, Brandenburg), 67 000 Sorben in 169 Gemeinden, seit 1945 kulturell autonom mit sorbischen Schulen. Ein eingedeutschter Teil, die Daleminzen, lebt zwischen mittlerer Elbe und Freiberger Mulde.

1 Er/Sie-Form

2 möglicher Anfang:
Der Meister forderte mich auf, mitzukommen. Ich stieg hinter ihm eine steile Holztreppe hoch bis auf den Dachboden. Die Kerze erhellte den Raum nur unzureichend, aber ich konnte zwölf niedrige Pritschen mit Strohsäcken erkennen ...
Tipp: Krabats Gefühle (z. B. in der Finsternis) und Gedanken sollten herausgestellt werden.

3 – weniger Spannung, da der Leser daraus schließen kann, dass Krabat überleben wird (Ausnahme z. B. gefundene Tagebuchaufzeichnungen)
– stärker auf die Person Krabats bezogen

4 – Die Geschichte wäre nicht mehr so spannend und geheimnisvoll, da der Meister genau weiß, was auf der Mühle geschieht. Wird die Geschichte aus der Perspektive Krabats erzählt, bleibt die Spannung erhalten, da sich die Geheimnisse auch für den Leser erst nach und nach auflösen.
– Der Leser erlebt die Ereignisse wie Krabat, kann sich so in seine Situation hineinversetzen und sich mit ihm identifizieren. Eine Identifikation mit dem Meister ist nicht erstrebenswert.

5 längere Träume (□28–31 · 103f. · 162–164 · 180–182 · 225–229 · 248f. · 249–252)
eingeschobene Geschichten (□ 61–68 · 69–79 · 109–116 · 125–132 · 133–140 · 151–158)

6 a, b, c

---

1 Hoyerswerda (□ 11), Maukendorf (□ 11), Petershain (□ 12), Schwarzkollm (□ 12) Hoyerswerdaer Forst (□ 12), Leippe (□ 12), Groß-Partwitz (□ 13), Koselbruch (□ 13), (Schwarzes Wasser, □ 13), Eutrich (□ 27), Wittichenau (□ 61), Neudorf (□ 61), Königsbrück (□ 63), Senftenberg (□ 63), Kamenz (□ 64), Dresden (□ 66), Ossling (□ 67)

2 Die Mühle liegt bei Schwarzkollm im Koselbruch am Schwarzen Wasser. (□ 12–14)

3 Durch die tatsächlich existierenden Orte erhält die Geschichte einen Wirklichkeitsanspruch. Das unheimliche Geschehen könnte sich wirklich ereignet haben. Dadurch steigt die Faszination für den Leser (vgl. B7).

4 individuelle Lösung

5 mögliche Auswertungsfragen:
– War die Raumbeschreibung so ausführlich, dass ich mir den Raum gut vorstellen konnte?
– Stimmt die Beschreibung mit den Vorgaben im Buch überein?
– Was hat mir an dieser Beschreibung besonders gut gefallen bzw. nicht gefallen?
– Entspricht diese Beschreibung meiner Vorstellung von diesem Raum?

---

1 In dem Text „Die Faszination des Unheimlichen" wird begründet, warum unheimliche Geschichten einen besonderen Reiz ausüben.
Der Leser kann seine unterdrückten Ängste vor dem Übernatürlichen unbedenklich ausleben, weil es sich hier um eine erdachte Welt handelt. Besonders gut gelingt die Identifikation, wenn diese Geschichten wahr sein könnten.

2 individuelle Antwort (vermutlich Zustimmung mit Begründung aus dem eigenen Erfahrungsbereich)

3 – die Ortsangaben
– der historische Hintergrund: Kurfürst Friedrich August I. von Sachsen (1670–1733); Großer Türkenkrieg (1683–1699); Krieg mit den Schweden
– Lebensumstände der Menschen Anfang des 18. Jahrhunderts
– Zunftregeln, Bräuche in einer Mühle
– die Osterbräuche (auch heute noch gibt es den sorbischen Brauch des Ostersingens mit einer Kantorka = Vorsängerin)

---

1 individuelle Lösung;
traurig und *grausam* treffen am wenigsten zu

2 individuelle Lösung

3 Die Textstelle im Buch wirkt wesentlich spannender und unheimlicher, da bei dem hier abgedruckten Text alle sprachlichen Mittel weggelassen wurden, mit denen man Spannung erzeugen kann (z. B. Personifikation der Mühle: „ein mächtiges, böses Tier, das auf Beute lauert"; Reizwörter: „Totenschädel", „Grabesstille"; gruselige Attribute: „eine schwarze, vom Schein einer einzigen Kerze erhellte Kammer").

4 individuelle Auswahl
Beispiele:
– „alles war plötzlich in kaltes Licht getaucht", (□ 14, Z.14)
Assoziation: Kälte, unheimliche Atmosphäre, gespenstisch weiße Farbe; zusätzlicher Schreckmoment durch die plötzliche Veränderung
– „hörte Krabat sich antworten" (□ 13, Z.1)
Assoziation: Krabat wird gelenkt, fremdbestimmt, jemand hat von ihm Besitz ergriffen

1 Vergebens hielt Krabat Ausschau nach einer Mühle. Ein alter Mann, der ein Bündel Reisig trug, kam die Straße herauf. Den fragte er.
„Wir haben im Dorf keine Mühle", erhielt er zur Antwort.
„Und in der Nachbarschaft?"
„Im Koselbruch hinten, da gibt es eine."
Krabat dankte ihm für die Auskunft, er wandte sich in die Richtung, die ihm der Alte gewiesen hatte.

2 individuelle Lösung;
z. B. Er denkt an unheimliche Dinge, die er selbst erlebt oder von denen er gehört hat, und an den Meister, der die Menschen mit seiner schwarzen Magie peinigt. Eventuell denkt er auch an den Teufel.

3 a z. B. wird die Handlung durch die Zwischengeschichten wie „Ochsenblaschke aus Kamenz", (61–68) verzögert
b z. B. 13, Z. 22–25
c z. B. 15, Z. 7–14
Tempuswechsel wird zwar auch verwendet, aber in einer anderen Funktion (Abgrenzung der Träume).

1 individuelle Antwort

2 Drei: hier nur einige der vielen Beispiele:
Der Roman ist in drei Abschnitte unterteilt, die den drei Jahren Krabats auf der Mühle entsprechen. Drei Betteljungen verkleiden sich als Heilige Drei Könige (11); Krabat träumt dreimal in drei aufeinanderfolgenden Nächten, dass er zur Mühle kommen soll. In diesem Traum ruft ihn der Meister dreimal (12); Krabat läuft im Traum dreimal weg (28); Der Meister ruft Krabat dreimal in die Schwarze Schule (39); Der Abschnitt aus dem Koraktor wird dreimal vorgelesen (58); [...]; Die Kantorka schreitet dreimal an den Burschen vorbei (255).
Zwölf: 12 Gesellen; 12 x 3 Monate ist Krabat auf der Mühle;
Dreiunddreißig: Der Roman hat 33 Kapitel.

3 Das Geschehen wirkt geheimnisvoll-magisch und dadurch unheimlich. Der Roman wirkt gut durchdacht und geschickt konstruiert.

4 Märchentitel: z. B. Schneewittchen und die *sieben* Zwerge, Der Wolf und die *sieben* Geißlein
Märchenmotive: z. B. *drei* Aufgaben müssen gelöst werden, *drei* Schwestern oder Brüder

1 individuelle Antwort

2 individuelle Lösung;
Tipp: geheimnisvolle Wortneuschöpfungen, eklige Zutaten, einprägsame Beschwörungsformeln, magische Zahlen und einige Reimwörter verwenden

3 individuelle Lösung

4 individuelle Lösung

1 a damit die Wintersaat der Bauern nicht verdirbt (weiße Magie)
b um die Bauern zu verjagen (schwarze Magie)
c weil der Müller seinen Gesellen nicht genug zu essen gibt (weiße Magie)
d um seinen Willen zu brechen (schwarze Magie)

2 a, b, e

1 Es reizt den Meister,
– reich zu sein,
– eine einflussreiche Position zu bekleiden,
– von den Herren gefürchtet und von den Damen umschmeichelt zu werden,
– mithilfe der Zauberkraft jeden Gegner ausschalten zu können und somit uneingeschränkte Macht zu besitzen,
– sich jeden Wunsch erfüllen zu können.

2 individuelle Lösung;
mögliche Vorteile vgl. 1
mögliche Nachteile: Man hat keine richtigen Freunde mehr. Alle sind nur nett, weil sie entweder Angst haben oder sich einen Vorteil erhoffen. Es wird auf die Dauer langweilig, wenn man sich alle Wünsche erfüllen kann und keine Träume mehr hat.

3 Krabat gewinnt Macht, Einfluss, ewige Zauberkraft. Krabat verliert seine Freunde und die Kantorka, also die Liebe zu einem Mädchen und letztendlich die Geborgenheit in einer Partnerschaft und Familie. Darüber hinaus verliert er sein reines Gewissen, seine Seele.

1 Kursivdruck, Tempuswechsel ins Präsens, inhaltlicher Hinweis

2 a Überschrift: Tempuswechsel ins Präsens
  Lückentext: aus der Erzähldistanz; am Ort des Geschehens
b Überschrift: Kursivdruck
  Lückentext: optisch als etwas Besonderes
c Überschrift: inhaltlicher Hinweis
  Lückentext: durch den konkreten inhaltlichen Hinweis

3 Alle ausführlicher erzählten Träume (28–31 · 103f. · 162–164 · 180–182 · 225–229 · 248f. · 249–252) sind entsprechend gestaltet.
Bei den Träumen, die kurz zusammengefasst werden (12 · 35 · 250f.), entfallen Kursivdruck und Tempuswechsel.

1 individuelle Lösung;
formale Vorgaben einer Inhaltsangabe beachten: Präsens; Er/Sie-Form; keine Ausschmückungen; keine wörtliche Rede; sachlich und knapp informieren; mit einem Einleitungssatz, in dem Titel/Autor/Textart/Thema bzw. Problem genannt werden, beginnen

2 individuelle Lösung; Briefform beachten

3 a z. B. 28–31; Botschaft: Man kann von der Mühle nicht weglaufen.
b z. B. 28–31; Machtverhältnis: Die Zauberkraft des Meisters bringt Krabat immer wieder zu der Mühle zurück; 249–252: Krabat besiegt den Meister.
e z. B. 28; Vorausdeutung: Tondas Tod
f z. B. 225–229: Als die Gesellen aus dem „Gruppentraum" erwachen, rührt sich Tonda zunächst nicht, da er im Traum angeschossen wurde und auch tatsächlich einen roten Fleck von dem Geschoss auf der Stirn hat.
g z. B. 249: Der Traum beginnt mit einem Erlebnis, das Krabat tatsächlich hatte (137f.).

4 Die Träume sind ein elementarer Bestandteil des Romans. Sie beeinflussen Krabats Verhalten, verdeutlichen, wie die Macht des Meisters über Krabat ständig abnimmt, und enthalten Vorausdeutungen, die die Spannung steigern. Sie gehören zu den besonders unheimlichen Elementen des Romans, da die Abgrenzung zwischen Traum und Realität aufgehoben wird.

1 individuelle Antwort

2 individuelle Antwort;
dafür sprechen die positiven Eigenschaften der beiden, wie Treue, Verlässlichkeit, Verantwortungsbewusstsein, dagegen vielleicht das ihrer Zeit entsprechende rollenspezifische Verhalten und die eher bieder wirkende Lebensweise

3 Er hat sich in die Kantorka verliebt und fühlt sich „wie im siebten Himmel". Die Gedanken an die Kantorka verzaubern den tristen Alltag und verschönern sein Leben. Dass es so ein unbeschreiblich schönes Gefühl gibt, wirkt wie ein Zauber.

4 individuelle Lösung;
mögliche Kritikpunkte: Es wird nicht überzeugend ausgeführt, warum sich Krabat und die Kantorka ineinander verlieben. Kann man sich z. B. in eine Stimme verlieben?
Darüber hinaus fehlt jegliche erotische Komponente. Die beiden küssen sich z. B. nicht einmal nach der gelungenen Rettung.

B17 Freundschaft und Liebe 2 Seite 44

1 individuelle Lösung;
aber beachten: Juro stellt sich nur dumm, um auf der Mühle überleben zu können. Er widersetzt sich heimlich dem Meister (z. B. durch Schneezauber (📖 194)) und wehrt sich durch vermeintliche Ungeschicklichkeit gegenüber Lyschko (z. B. 📖 34 · 184 · 194). Er weiß mehr als die anderen Gesellen (z. B. 📖 212 bis 214), da er schon lange auf der Mühle ist und beim Abstauben heimlich im Koraktor liest (📖 213). Er kann sehr gut zaubern und hilft Krabat, den Meister zu überwinden.

B18 Erzähltechnik 4 Seite 45

1 b, c, e

2 individuelle Lösung

3 individuelle Lösung;
aber formale Gestaltung der Träume beachten: eventuell kurze Einleitung mit inhaltlichem Hinweis auf einen Traum, im Präsens erzählen, irreales Geschehen darstellen, Elemente eines Alptraums berücksichtigen

B19 Wertung Seite 46

1 individuelle Lösung;
Tipp: möglichst viele überzeugende Argumente anführen und diese mit Beispielen belegen

2 Lösungsvorschlag, da eine eindeutige Zuordnung nicht immer möglich ist:
spielt eine wichtige Rolle: d, f, h, i, j, k, m
wird am Rande angesprochen: a, b, c, e, g, n
kommt nicht vor: f

3 Ja; mögliche „Mühle“: Sekte, Jugendbande, politisch extreme Gruppierung; möglicher „Müller“: Leiter dieser totalitären Organisation; Gefahr bei Ausstieg

4 individuelle Ausgestaltung

Hinweise für Lehrer/innen

Allgemeine Hinweise

Ordner anlegen
Es ist sinnvoll, dass die Schülerinnen und Schüler einen Ordner anlegen, in dem sie alle Arbeitsblätter abheften können. Vorab sollten sie ca. 10 leere Blätter als Zusatzmaterial einheften, da einige Aufgaben auf ein Extrablatt geschrieben werden müssen (Hinweis für die Schülerinnen und Schüler: Bei einem Einschub das beschriebene Blatt hinter dem zugehörigen Arbeitsblatt abheften und entsprechend nummerieren, z. B. A1.1).

Zeilenlineal
Das Zeilenlineal auf Folie kopieren. Mit diesem Hilfsmittel kann man sehr schnell neben der Seitenangabe auch die entsprechende Zeile benennen.

Erkundungsvorschlag
Für die Schülerinnen und Schüler ist es vielleicht interessant, eine Mühle zu besichtigen und Näheres über den Müllerberuf im Wandel der Zeit zu erfahren.

Mögliche Klassenarbeitsthemen
Vorschlag 1:
Krabat lebt drei Jahre in der Mühle. Erläutere, wie er sich in dieser Zeit verändert hat (Alter, Eigenschaften, Gefühle, Denkweisen, Verhalten).
Vorschlag 2 (produktionsorientiert):
Schreibe eine Rollenbiografie zu Krabat. Beginne mit den Worten: „Ich bin Krabat...".

A1 **Annäherung an den Text** Seite **4**
➤Ⓑ
Lernziel/Thema: Lesemotivation wecken
Vorkenntnisse: keine
Hinweis: Der Klappentext findet sich auf der dtv-Ausgabe des Romans (14. Auflage, München 1999).

A2 **Krabat 1** Seite **5**
➤Ⓑ 1 · 2 · 4 · 8 · 9
Lernziel/Thema: Persönlichkeitsmerkmale/Eigenschaften Krabats
Vorkenntnisse: ☐ 11 – 38
Variation: produktionsorientierte Aufgabe: Als Krabat seine Pflegeeltern verlässt, hinterlässt er einen Abschiedsbrief, in dem er erklärt, warum er bei ihnen nicht leben kann. Schreibe diesen Brief.
Hinweis: Das Arbeitsblatt 2 wird später noch einmal in Verbindung mit dem Arbeitsblatt **A16** benötigt.

A3 **Die Gesellen 1** Seite **6**
➤Ⓑ 17
Lernziel/Thema: Personenbeschreibung der Gesellen
Vorkenntnisse: ☐ 18 – 25
Hinweis: Werden die Steckbriefe (am besten schon vor dem Ausfüllen) vergrößert und in der Klasse aufgehängt, sind sie während der gesamten Unterrichtseinheit optisch präsent.

A4 **Der Meister 1** Seite **7**
➤Ⓑ 8
Lernziel/Thema: Personenbeschreibung des Meisters
Vorkenntnisse: ☐ 12 – 38
Hinweis: Es empfiehlt sich, den Bastelbogen auf DIN-A3 zu vergrößern.

A5 **Träume 1** Seite **9**
➤Ⓑ 14 · 15
Lernziel/Thema: Bedeutung der Träume
Vorkenntnisse: ☐ 28 – 31
Hinweis: Falls sich die Schülerinnen und Schüler bei Aufgabe 1 nicht an einen konkreten Alptraum erinnern (wollen), können sie auch einen Traum erfinden.

A6 **Die Mühle 1** Seite **10**
➤Ⓑ 2 · 6 · 7 · 9
Lernziel/Thema: Das unheimliche Geschehen in der Mühle
Vorkenntnisse: ☐ 32 – 38

A7 **Freundschaft und Liebe 1** Seite **11**
➤Ⓑ 4
Lernziel/Thema: Das Verhältnis zwischen Krabat und Tonda
Vorkenntnisse: ☐ 18 – 90

A8 **Magie 1** Seite **12**
➤Ⓑ 11
Lernziel/Thema: Der Unterricht in der Schwarzen Schule
Vorkenntnisse: ☐ 39 – 43; ☐ 57f.
Variation: Unterrichtsstunde mit verteilten Rollen vorlesen/spielen

A9 **Magie 2** Seite **13**
➤Ⓔ 1
Lernziel/Thema: Die Bedeutung des Rituals
Vorkenntnisse: ☐ 44 – 60
Hinweise: – Drudenfuß = Pentagramm (von griech. *pente*, fünf, und *gramma*, Geschriebenes, Schriftzeichen; bannt den Teufel, Abwehrmittel gegen böse Geister)
– Auf (heidnische) Osterbräuche hinweisen (Osterfeuer, Osterwasser holen); fächerübergreifender Unterricht

A10 **Freundschaft und Liebe 2** Seite **15**
➤Ⓑ 4 · 16
Lernziel/Thema: Krabats Gefühle für die Kantorka
Vorkenntnisse: ☐ 49 – 52; ☐ 57; ☐ 86; ☐ 119 – 126
Variation: Nachdem Krabat die Kantorka gesehen hat, schreibt er in sein Tagebuch.

A11 **Magie 3** Seite **16**
➤Ⓑ 12 · 13
Lernziel/Thema: Gegenüberstellung der positiven und negativen Seiten der Magie
Vorkenntnisse: ☐ 53 – 140

Hinweise für Lehrer/innen

A12 **Der Meister 2** Seite **17**
→ B 3 · 13
Lernziel/Thema: Schwächen des Meisters
Vorkenntnisse: 147–159

A13 **Die Gesellen 2** Seite **18**
→ B 13
Lernziel/Thema: Das Schicksal der Gesellen
Vorkenntnisse: 95–165
Variation zu 3: Es können Rolleninterviews/Zeugenbefragungen durchgeführt werden.

A14 **Die Mühle 2** Seite **19**
→ B 6
Lernziel/Thema: Wiederholung der Ereignisse auf der Mühle
Vorkenntnisse: 11–165
Hinweis: Ein großes Kalenderblatt aufhängen und Ereignisse eintragen lassen.

A15 **Die Gesellen 3** Seite **21**
→ B 12
Lernziel/Thema: Die Ausweglosigkeit einer Flucht
Vorkenntnisse: 169–188

A16 **Krabat 2** Seite **22**
→ B 4
Lernziel/Thema: Die Entwicklung Krabats
Vorkenntnisse: 95–201
Hinweis: Rückgriff auf das Arbeitsblatt A2 erforderlich.

A17 **Der Meister 3** Seite **23**
→ B 3 · 13
Lernziel/Thema: Das schreckliche Geheimnis des Meisters
Vorkenntnisse: 212–221

A18 **Freundschaft und Liebe 3** Seite **24**
→ B 17
Lernziel/Thema: Die Unterstützung durch Krabats Freunde
Vorkenntnisse: 24–253
Hinweis: Der Ring besitzt aufgrund seiner runden Form (ohne Anfang und Ende) eine dem Kreis entsprechende Bedeutung:
– Symbol des Heilen, Heiligen, Göttlichen, der Ewigkeit,
– Symbol der Bindung und Verbindung,
– Ausdruck der Macht, Vollmacht,
– magischer Gegenstand mit Zauberkraft (z. B. gegen den bösen Blick).

A19 **Krabat 3** Seite **25**
→ B 4
Lernziel/Thema: Krabats Standhaftigkeit wird getestet.
Vorkenntnisse: 207–252

A20 **Krabat 4** Seite **26**
→ A 1 · 4
Lernziel/Thema: Krabat besiegt den Meister.

Vorkenntnisse: 220–256
Variation: Die Probe spielen.

B1 **Szenische Interpretation 1** Seite **28**
→ A 2 · 9 · 20
Lernziel/Thema: Standbilder bauen
Vorkenntnisse: je nach gewählter Textstelle
Variation zu 1: Standbilder fotografieren und in der Klasse aushängen
Hinweis zu 3: Es ist wichtig, die Empfindungen der Spieler in der jeweiligen Situation einfühlsam zu thematisieren. Mögliche Leitfragen zu b: Wie habt ihr euch in der Gruppe als Geselle gefühlt? Welche Vorteile bringt euch die Zugehörigkeit zu dieser Gemeinschaft? Wie habt ihr euch dem Meister gegenüber gefühlt? Welche Funktion hat so ein Ritual?
Tipp: Weitere interessante Anregungen zur szenischen Interpretation findet man in dem Artikel „Gedenke, dass du ein Schüler bist" von Martina Eichner und Karin Luthringhausen, Praxis Deutsch, Heft 154 (1999).

B2 **Szenische Interpretation 2** Seite **29**
→ A 2 · 6
Lernziel/Thema: Dramatisieren einer Textstelle
Vorkenntnisse: je nach gewählter Textstelle
Hinweis zu 2: Die Geräusche können mit Hilfsmitteln erzeugt werden (eventuell zu Hause aufnehmen).

B3 **Szenische Interpretation 3** Seite **30**
→ A 12 · 17
Lernziel/Thema: Sich in Figuren/Rollen hineinversetzen
Vorkenntnisse: je nach gewählter Textstelle
Variation zu 2: Gerichtsverhandlung spielen (Figuren: Staatsanwalt, Verteidiger, Richter, Meister als Angeklagter; Gesellen, Kantorka, Dorfbewohner als Zeugen)
Hinweis: Es muss darauf geachtet werden, dass die Schüler aus der Rolle heraus antworten bzw. reden. Die Fragen zu 2 ggf. vorbereiten (Gruppen-, Partnerarbeit). Aufgabe 3 ist besonders geeignet, die Gedanken derjenigen Figuren herauszuarbeiten, über die man sonst wenig erfährt (z. B. Juro, Michal).

B4 **Charakterisieren** Seite **31**
→ A 2 · 7 · 10 · 16 · 19 · 20
Lernziel/Thema: Erarbeitung einer Charakteristik
Vorkenntnisse: 11–256
Variation: Charakteristik des jungen Krabat / Charakteristik einer beliebigen Figur aus dem Roman
Hinweis: Möglicherweise müssen Informationen zum Schreiben einer Charakteristik gegeben werden. Wurde das Thema noch nicht im Unterricht behandelt, ist Aufgabe 1 eine sinnvolle Vorübung, Aufgabe 2 kann entfallen.

B5 **Erzähltechnik 1** Seite **32**
→ A
Lernziel/Thema: Wie ist der Roman erzählerisch gestaltet?
Vorkenntnisse: 11–256
Variation: Alle Zwischenepisoden auflisten und zu einer davon eine Inhaltsangabe verfassen.

Lektüre: Krabat © 2001 Oldenbourg Schulbuchverlag GmbH

Hinweise für Lehrer/innen

Hinweis: Die Einführung der Begriffe auktoriales, personales und neutrales Erzählverhalten kann an dieser Stelle erfolgen.

B6 Erzähltechnik 2 Seite **33**
→A 6 · 14
Lernziel/Thema: Funktion des Wahrheitsanspruchs
Vorkenntnisse: 11 – 90
Hinweis: Eine exemplarische Beschränkung auf die im ersten Jahr (11 – 90) genannten Ortsangaben ist an dieser Stelle sinnvoll.

B7 Erzähltechnik 3 Seite **34**
→A 6
Lernziel/Thema: Die Faszination von unheimlichen Geschichten
Vorkenntnisse: 11 – 256

B8 Spannend erzählen 1 Seite **35**
→A 2 · 4
Lernziel/Thema: Die Methode der Weglassprobe
Vorkenntnisse: 14 – 16
Variation: Die Schülerinnen und Schüler können die Textstelle zunächst selbst spannend ausgestalten.

B9 Spannend erzählen 2 Seite **36**
→A 2 · 6
Lernziel/Thema: Sprachliche Mittel, mit denen Spannung erzeugt werden kann
Vorkenntnisse: 11 – 256 (für 1 und 2 13f.)
Variation: Die Methoden anwenden und zu einem vorgegebenen Thema eine spannende Geschichte schreiben.

B10 Magie 1 Seite **37**
→A 3 · 14
Lernziel/Thema: Die Funktion magischer Zahlen
Vorkenntnisse: 11 – 256
Hinweis zu 4: Ggf. kann der Unterschied zwischen „Krabat" und einem Märchen an dieser Stelle thematisiert werden.

B11 Magie 2 Seite **38**
→A 8
Lernziel/Thema: Die Faszination der Magie
Vorkenntnisse: 39 – 43; 57f.

B12 Magie 3 Seite **39**
→A 11 · 15
Lernziel/Thema: Der Unterschied zwischen weißer und schwarzer Magie
Vorkenntnisse: 11 – 256
Variation: Produktionsorientierte Aufgabe: Krabat schreibt der Kantorka einen Brief, in dem er ihr erklärt, warum sie ihn verzaubert hat. Schreibe diesen Brief.

B13 Magie 4 Seite **40**
→A 11 · 12 · 13 · 17
Lernziel/Thema: Reflexion über die Faszination von Macht

Vorkenntnisse: 11 – 256
Variation: Bild von einem Marionettenspieler mit Marionetten vorlegen, beschreiben lassen und die Ergebnisse auf den Meister übertragen.

B14 Träume 1 Seite **41**
→A 5
Lernziel/Thema: Die formale Gestaltung der Träume
Vorkenntnisse: 11 – 256
Variation zu 3: Alle Träume überprüfen und Ausnahmen begründen.

B15 Träume 2 Seite **42**
→A 5
Lernziel/Thema: Die Funktion der Träume
Vorkenntnisse: 11 – 256
Variation: Einen Traum verfassen, der in die Handlung passt (z. B. Krabat träumt diesen Traum in seiner ersten Nacht in der Mühle, bevor ihn die Gesellen wecken, 17, Z. 21: „schlief er, schlief und schlief" – Krabats Traum – „bis ein Lichtstrahl in weckte").

B16 Freundschaft und Liebe 1 Seite **43**
→A 10
Lernziel/Thema: Die Beziehung zwischen Krabat und der Kantorka
Vorkenntnisse: 49 – 256
Variation: Die Kantorka schreibt in ihr Tagebuch, warum sie sich in Krabat verliebt hat.

B17 Freundschaft und Liebe 2 Seite **44**
→A 3 · 18
Lernziel/Thema: durch eine Rollenbiografie charakterisieren
Vorkenntnisse: 24 – 253
Variation: Rollenbiografien zu den anderen Gesellen oder zu der Kantorka schreiben
Hinweis: Die Schülerinnen und Schüler sollten in der Ich-Form schreiben, da dies die Identifikation fördert. Wichtig ist es auch in ganzen Sätzen zu schreiben, um eine Distanzierung zu verhindern und eine persönliche Perspektive zu erzwingen.

B18 Erzähltechnik 4 Seite **45**
→A 19 · 20
Lernziel/Thema: Reflexion über den offenen Schluss
Vorkenntnisse: 11 – 256
Variation: Zeitungsartikel verfassen: Mühle im Koselbruch abgebrannt.

B19 Wertung Seite **46**
→A 1
Lernziel/Thema: Literarische Wertung
Vorkenntnisse: 11 – 256
Hinweis zu 4: Es können z. B. untere Klassen (auch in kleinen Gruppen) zu dieser Buchvorstellung eingeladen werden. Denkbar ist auch die Einrichtung eines Literaturcafés, in dem verschiedene Klassen in regelmäßigen Abständen Bücher oder eigene Texte vorstellen.

Zeilenlineal

5

10

15

Umschlagkonzept: Mendell & Oberer, München

Umschlag: Zembsch Werkstatt, München
20

Umschlagillustration: Peter Schimmel, München

Lektorat: Annette Rose

Herstellung: Eva Fink
25

Illustration: Peter Schimmel, München

Satz und Reproduktion: Franzis print & media GmbH, München

30

www.cornelsen.de

1. Auflage, 7. Druck 2023

Alle Drucke dieser Auflage sind inhaltlich unverändert
und können im Unterricht nebeneinander verwendet werden.

© 2001 Oldenbourg Schulbuchverlag GmbH, München
© 2017 Cornelsen Verlag GmbH, Berlin

Druck: Esser printSolutions GmbH, Bretten

ISBN 978-3-637-15786-6

PEFC zertifiziert
Dieses Produkt stammt aus nachhaltig
bewirtschafteten Wäldern und kontrollierten
Quellen.
www.pefc.de

PEFC
PEFC/04-31-2851